上海闵行区进城务工人员随迁子女民办小学基础教育国际合作项目

Handbook of Children's Potential Development
Integrative Chinese Language Teaching

儿童潜能发展教学手册

语文整合教学探索

李晓文 吴玉如 著

北京大学出版社
PEKING UNIVERSITY PRESS

图书在版编目(CIP)数据

儿童潜能发展教学手册:语文整合教学探索/李晓文,吴玉如著. —北京:北京大学出版社,2017.1

ISBN 978-7-301-27904-5

Ⅰ. ①儿… Ⅱ. ①李… ②吴… Ⅲ. ①小学语文课—教学研究 Ⅳ. ①G623.202

中国版本图书馆 CIP 数据核字(2017)第 003800 号

书　　　名	儿童潜能发展教学手册——语文整合教学探索 Ertong Qianneng Fazhan Jiaoxue Shouce
著作责任者	李晓文　吴玉如　著
责 任 编 辑	朱梅全　姚文海
标 准 书 号	ISBN 978-7-301-27904-5
出 版 发 行	北京大学出版社
地　　　址	北京市海淀区成府路 205 号　100871
网　　　址	http://www.pup.cn
电 子 信 箱	sdyy_2005@126.com
新 浪 微 博	@北京大学出版社
电　　　话	邮购部 62752015　发行部 62750672　编辑部 021-62071998
印 　刷 　者	北京大学印刷厂
经 销 者	新华书店
	787 毫米×1092 毫米　16 开本　12.75 印张　207 千字 2017 年 1 月第 1 版　2017 年 1 月第 1 次印刷
定　　　价	42.00 元

未经许可,不得以任何方式复制或抄袭本书之部分或全部内容。
版权所有,侵权必究
举报电话:010-62752024　电子信箱:fd@pup.pku.edu.cn
图书如有印装质量问题,请与出版部联系,电话:010-62756370

第一部分

整合课建设的文化演化和发展探索 / 003
  一、综合课程的困顿与缘由 / 003
  二、整合教学的根本意图和性质 / 006
  三、困境中潜伏着转折契机 / 009
  四、整合课建设路径思考 / 011

以语文为主线的整合教学探索 / 020
  一、在随迁子女学校的迂回探索 / 022
  二、探索成功启示 / 024

第二部分

一年级语文整合教学活动主题和案例 / 033
  一、一年级学生成长潜能和学习引导 / 033
  二、儿歌诵读表演教学 / 035
  三、观察表达教学 / 039
  四、一年级教学氛围的营造 / 047
  五、案例与点评 / 048

二年级语文整合教学活动主题和案例 / 067
  一、二年级学生成长潜能和发展引导 / 067
  二、培养小队合作 / 070

三、阅读学习 / 071

　　四、表演阅读 / 073

三年级语文整合教学活动主题和案例 / 095

　　一、三年级学生成长潜能和发展引导 / 095

　　二、适合三年级学生发展的阅读和整合性教学 / 097

　　三、培养目标调节行为 / 100

　　四、作文学习的困境和条件 / 103

　　五、游戏作文教学 / 104

　　六、课外阅读课内指导 / 109

　　七、教学案例和点评 / 111

四年级语文整合教学活动主题和案例 / 119

　　一、四年级学生成长潜能和发展引导 / 119

　　二、适合于四年级学生的整合性教学 / 120

　　三、阅读表演探究 / 127

五年级语文整合教学活动主题和案例 / 155

　　一、五年级学生特征 / 155

　　二、催化五、六年级学生潜能发展 / 157

　　三、催化潜能的教学方法 / 161

第三部分

活动参考读物 / 183

　　儿歌 / 183

　　低年级童话寓言（可见各版本语文教材）/ 189

　　中高年级哲理故事（可见各版本语文教材）/ 189

　　剧本 / 190

第一部分

整合课建设的文化演化和发展探索

突破分科,尝试建设整合课,这一努力一直断断续续进行着,近年来又兴起高潮。有必要反思综合课建设的经历,分析曾经的干扰困惑,认清整合课的意义和发展可能,为进一步探索提供参考。在国内发表的文献中,学者们对整合课有"整合"和"综合"两种提法,多数以"综合课"称呼,而且在官方文件中主要表述为"综合课"。按英文词 integrative,应该译为"整合",两个词的意思是不同的。本书在谈到国内状况时,就根据教育界惯常的说法表述。

一、综合课程的困顿与缘由

自1968年联合国教科文组织与国际教育协会理事会召开第一届整合科学教学改革研讨会以来,科学整合课几乎成为所有发达国家和地区,以及70%以上发展中国家和地区义务教育阶段的共同选择。美国、加拿大等北美国家的科学教育均以整合课为基础和主干。[1] 北欧五国在20世纪90年代纷纷发起基础教育改革,不约而同地聚焦本国基础教育质量的提高。为适应科技发展和社会生活的需要,课程内容的改革都趋向于整合化,强化课程之间的联系,培养学生整合分析的能力。[2] 日本著名课程专家佐藤正夫认为:整合教学是现代以来各国课程改革的根本问题之一,甚至可以说是核心问题。我国教育部2001年6月颁布的《基础教育课程改革纲要(试行)》强调:改变课程结构过于强调学科本位、科目过多和缺乏整

---

[1] 尤炜.追问初中科学课程的"中国问题"[J].人民教育,2013,(2):35—39.
[2] 郭丽丽.21世纪北欧五国基础教育课程改革的背景与特点[J].基于学术月刊,2010,(10):73—76.

合的现状,加强课程内容与生活以及现代社会和科技发展的联系。具体措施之一是,要求小学阶段以综合课程为主,初中阶段设置分科与综合相结合的课程。2005年开始的基础教育课程改革要求中,综合课程成为重中之重。[①]

然而,这一改革难以生根,几十年走走停停。普遍的反映是:缺师资、缺教材、缺教学资源。各类综合课遇到的问题也是各有不同。人文社科类综合课程的问题,是综合课程属于"辅科",地位不能跟语数外比。教师不愿意承担这些课程的教学,而且这些课程的教学时间也经常被挤占。[②] 小学科学课的境遇跟人文社科类差不多,都因属于辅科而受忽视。其中的根本原因是:这些科目不考试。科学综合课程在初中的遭遇更特别。不少地区经历了摩拳擦掌的起始和偃旗息鼓的结局。有的地区在分科之外设科学课,因为没有科学课程的考试而悄然撤退。其中,有些地区设法将科学课列入考试来扭转局面,但依然没有成功。有的地区用科学课取代物化生,坚持了数年之后在众多非议声中宣布停止。最强烈的反对理由是:降低了学习水平,考试成绩滑坡。有意思的是,促使教育部门宣布停止科学课程的,居然是众多政协委员的联合行动。2003年,锦州市百余名政协委员联名向锦州市提案委员会递交提案,要求停止科学综合课程,恢复初中的理化生分科课程。武汉从2004年起在初一设立科学综合课程,不到半年,就有众多政协委员在政协会议上呼吁停止科学课,经历了四年的非议,武汉市宣布停止科学课。全国唯一坚持科学综合课程教学的地区是浙江省。浙江的科学课同样也受到学科专家的非议,他们觉得科学课降低了知识要求,担心不利于培养科技人才。1997年,更有在杭的科学院院士为此上书省政府,由此引发了激烈的争论。当时,有关部门采取让各地教委以投票的方式作抉择,投票结果是绝大多数选择坚持。有学者对科学课实验班毕业的学生跟踪评价,结果表明这些学生的发散思维和实验技能有明显优势,在计算和规则运用方面有明显劣势。这一结果虽然一定程度上支持了科学课,但仍然不能去除人们的担心。即使坚持了几十年的浙江科学课,也没有奢望通过整合教学来提高学生的学习成绩。支撑他们行动的理念是不能仅着眼于培养几个科学家,而要提高所有人的科学素养。这是支撑浙江教育界坚持科学课的信念,这一信

[①] 周丽丽.中小学综合课程实施的困境及对策分析[J].现代教育论丛,2008,147,(9):27—31.
[②] 唐智松,蒋娟.人文社会科的尴尬与破解[J].教育科学研究,2010,(11):50—53.

念让他们抛开了应试的紧箍咒。

显然,综合课被归属于当下流传的素质教育,有利于发展学生综合素养,但不利于知识学习和考试成绩。素质教育与应试教育以考试成绩分界,这恐怕是当下中国很多人默会的概念。之所以如此,与文化传统不无关联。从隋朝到清朝,延续了一千三百多年的科举制度,为平民晋升管理阶层打开了直通阶梯,也把学习和考试紧密绑在了一起,赋予了学习—考试的敲门砖价值,这个价值让考试—学习建立了本末倒置的关系,学习就是读书,读书为了考试,考试引导读书。为防止考官主观评分徇私舞弊,明朝成化年间设八股取士制度,要求考生阐述《四书》《五经》,"代圣贤立言"。初起时有督促读书思考的作用,后来格式不断严格,撰文逐渐空虚,八股遂成了死记硬背的代名词。到清末光绪年间戊戌变法时,八股取士制度在延续了四百多年后废除。国考的影响力,时日旷久地沉积,应试读书、死记硬背成了一种文化,让学习与死记硬背绑在一起。这一观点持续影响着后人,在急功近利盛行时会聚合产生更大的影响。对待整合教学,这一观念同样产生着影响。

影响人们对整合教学认识的还有描述这个概念的语词。之前已经提到,在国内发表的文献中,学者们对整合课这个概念有"整合"和"综合"两种提法,更多以"综合课"称呼,而且官方文件主要表述为"综合课"。国内把整合课界定为跨学科的综合课程,与单学科教学的内容和方式都不同。这一定位,决定了要建设一门跨学科知识包容在一起的课程。综合课的任务聚焦在跨学科合并,即把不同学科、不同领域的内容统整在一起。据黄甫全先生的文章分析,整合课停留在合并学科的层面,与解放以后的综合课改革经历有关。比如,1955年把阅读、作文、写字合并成语文综合课;1958年把中国历史、世界历史、中国近代史、现代史合并为历史综合课。[1] 这样的合并在当时是解决课程分科过细的问题。后来的整合教学背景已经不同,目标应该相应变化,但仍然习惯性停留在课程合并的思维方式上。有关说法在论文中"比比皆是","《中国大百科全书·教育》也称,综合课程是'把若干有关学科合并起来编订的课程。'"[2] 为什么要建设综合课?不少文献指出,综合课建设源于科学进入了跨学科性的发展,知识的增长方式和人们对知识的认识发生了

---

[1] 黄甫全.整合课程与课程整合论[J].课程·教材·教法,1996,(10):6—11.
[2] 黄甫全.整合课程与课程整合论[J].课程·教材·教法,1996,(10):7.

变化。为满足跨学科知识教学，需要建设一门跨学科课程。也许，以此判断为依据，整合教学改革就变成了建设一门与学科教学不同的全新课程。作为区别于综合课的课程，分科教学概念相应而生。综合课程是合并跨学科知识的新建课程，如科学课、社会课。分科教学则维持原状，承担着基础知识的教学。

　　这一综合(跨科)—分科的定位，到语文课程改革时便产生了尴尬。知识技能之间的割裂在语文教学中十分明显，特别需要打破。顺理成章，改变箱格式的语文教学便被称为"语文综合课"。但是，根据综合—分科的分类，语文综合课不知该如何归属，既不是跨学科，又不是分科。因此，这一状况引发了争论。有学者批评语文综合课的提法不科学，也有学者认为除了跨学科的综合，还有学科内的综合。[①]这种不置可否的争论披露出的是对整合教学改革的模糊认识。国内也有学者注意到"整合"的含义，指出综合课的内容应该一体化，不该是拼盘式。在分门别类知识达到系统化状态，而跨学科知识系统尚未建立的情况下，组织一体化的综合课内容显然是基础不足的。因此，有学者指出应该允许综合课拼盘现象存在。[②] 如果为了完成综合课任务而拼盘综合，不仅没能通过整合提高教学效率，还要平添一门新课。这在学生人数多、教师工作量繁重的中国，当然困境重重。

　　所以，我们必须弄明白整合教学到底意味着什么？为什么要进行整合教学改革？

二、整合教学的根本意图和性质

　　整合教学意味着什么？这需要从整合教学改革的背景去认识。科学发展过程进入了分门别类研究，知识的迅速增长也需要分门别类地传递。知识迅速发展时分门别类有助于有条理地传授，一旦僵化，弊病就出来了。法国哲学家莫兰应联合国教科文组织"为一个可行的未来而教育"项目之邀写了《复杂理论与教育问题》一书，他说："科学的学科性的发展不只是带来了劳动分工的优点，它也带来了超专业化以及知识的分割和隔离的弊病；它不只是产生了知识和明了，它也产生了无知和

[①] 靳彤.语文综合性学习再认识[J].课程·教材·教法，2008，28(10)：33—37.
[②] 丛立新.综合课程面临的几个问题[J].中国教育学刊，2001，(1)：37—40.

盲目。"面对知识专业化带来的知识分割和隔离,"我们的教育体系不是用起矫正作用的东西来抵制这个发展,而是服从于它"①。很多著名教育研究者早就意识到这个问题,布鲁纳就曾戏称美国学校的课程是"插曲式课程",把一系列教学单元分得很细,进行得很快,教师像插科打诨的滑稽戏演员。②曾经鲜活的知识一旦脱离所揭示的事物,分门别类放到课程里,就很难反映创造者的思想,很容易变成用于运算操作、记忆回答的空洞符号。凭借这些符号难以学会认识世界。以布鲁纳在《教育过程》中谈起的一件事为例:请学生们解释潮汐现象,他们通常能够回答是月亮对地球表面的引力作用。但他们不能解释为什么会有迟潮,也不明白为什么地球背着月亮的一面也会有小潮。因为他们不能描述引力如何作用于转动的物体,不能把惯性概念和引力作用概念联系起来。这是因为物理学所学的这些概念是分离的,抽象的公式之间未能建立联系。

割裂式的教学不只是知识分门别类造成的,点状标准化考试、机械性的应试更是重要推手,造成了很多不可思议的知识割裂。以一件令人哭笑不得的真实事情为例:一位江苏省的优秀小学语文教师去外地示范授课,上课时,她先介绍了自己,然后请小朋友用自己的方式跟老师打个招呼。有学生站起来,认真地对老师说:"老师—逗号—您好—句号"。优秀教师吃了一惊,缓过神来对这位学生说:"小朋友,逗号、句号都是书面语言,说话时只需要用停顿来表示,是不说出来的。"她听到的是更让她吃惊的回答:"我们老师说的,把逗号、句号说出来,考试就不会错。"把本来紧密关联的事情硬生生地扯开,在语文类的教学里可能更加严重。读课文时,不思考各段文字蕴含的思想,不关注语言如何表达主题,脱离语境、脱离主题,孤立地找"好词好句"。作文、讨论时,离开学生的经验、感受和思想,聚焦考试标准,照套格式、照搬套路。这样的分割不仅学不好,还会造成思维的问题。所以,在分割隔离情况下,学习成为记忆和照章操作的任务。这样带来的结果是,学习变得无趣无味,掌握知识变得困难,思维、情感和价值观变得与分数毫无关系。因此,整合教学的主要目标是:纠正知识分割隔离状态,让学生在知识的有机联系中学习。突破知识的隔离不等于扩充知识,跨越学科的知识之间未必就存在着有机联系。

---

① 〔法〕埃德加·莫兰.复杂性理论与教育问题[M].陈一壮,译.北京:北京大学出版社,2004:103.
② 〔美〕J.S.布鲁纳.学习与思维[C].皮连生,译.教育心理学参考资料选辑.济南:山东教育出版社,1986:183—194.

信息化时代,获得信息成为极其容易的事情,但捕捉信息变得更难,获取信息的便利未必让人变得更聪明。如果不会加工,反而可能淹没其中不能思考。早在信息难得的古代,孟子就说过:"尽信书,不如无书。"当代法国哲学家莫兰看到信息时代教育遇到的难题,将知识放在信息背景下重新界定,他指出:"知识只是作为信息间建立联系和把信息纳入背景的组织才成为知识。信息则构成分散的知识的碎片。"①因此,信息化时代,更需要加工信息的能力。若只会接受信息,不会加工组织,方便地接触一大堆信息时反而使人容易变得不聪明。知识反映了人类对世界和自己的规律性认识,只有把信息符合规律地组织起来,才能感悟到知识。当进一步能用知识去解释自然界和社会生活中相关现象之间的内在联系时,知识就内化了,成为可用以思考的心理工具,就能去解决问题。所以,在知识教学意义上,整合教学是要为学生学习搭建信息合理组织的场合。

布鲁纳在批评原子化的细分课程时指出:"学习的目的就是在前后关联之中获得知识,以使这种知识被创造性地运用。孤立的知识越多,它们之间的联系就越困难——除非我们能把这些知识压缩成为更概括的序列。这不是一切知识都能行得通的。"②掌握相关领域知识的专家看到书本呈现的信息,就可以唤起相关的信息,在知识大背景中定位所见信息。因为他们脑中建立了知识的组织,可以自动超越所见的信息。初学知识的学习者没有这样的联想能力,他们即使完全理解了原理规则的语言表述,也不能达到深刻理解的程度。一般人不大去意识自己脑子里的信息加工反应,也不注意各人脑子里信息解读的差距。知识水平高深者不大会了解初学者解读信息的状态。在反映实行科学课的异议时,科学课的力推者浙江省原教委主任邵宗杰提到:"初中科学课程这件事情,学历和权位越高的越反对,学生很高兴,教师不赞成;教过的教师赞成,没教过的教师不赞成;初中教师容易接受,高中教师不赞成,大学教师更反对。"③这在一定程度上反映了综合课程建设的难度和教学适应性。学段越高,突破现有分科知识体系越难。越不接触学生的学习状态,越容易低估学生学习的可能性。看来,教师对综合课教学的信心与知识掌握

---

① 〔法〕埃德加·莫兰.复杂性理论与教育问题[M].陈一壮,译.北京:北京大学出版社,2004:104.
② 〔美〕J.S.布鲁纳.学习与思维[C].教育心理学参考资料选辑[C].皮连生,译.济南:山东教育出版社,1986:189—190.
③ 尤炜.追问初中科学课程的"中国问题"[J].人民教育,2013,(2):37.

程度无关,从教材角度难以认识学生学习的可能性。教材编写本身很难为中小学生搭建一个立体的、动态的、能够提供充分信息的支架。因此,超越教材呈现的信息正是整合教学的工作空间。知识技能在自然环境中、在生活中存在着根本的相互关联性。把知识置于能够显示其特定信息组织的背景中教学,有助于让学生理解知识的内涵。

整合教学不仅符合规律性知识的性质,而且也符合人的学习技能。人的脑子拒绝把握一堆碎片,当面对零敲碎打毫无内在联系的知识时,人领悟不到其中的意义,只会因为混乱而疲劳无趣。面对脱离运用场景的技能训练时,人难以感受操作的章法和规律,只会因为空洞抽象而感到枯燥和无所适从。所以,整合教学会降低学习难度,但不是降低学习水平。合适的整合教学应该能够提高学生的学习水平。整合教学不是要以放松学习来培养素质,也不是要以忽视素质来提升学习成绩,而是要鱼与熊掌兼得。知识本身就是一群信息的整合,理解就意味着把握整合。因此,整合是为了提高教学质量,整合教学是在分科教学中就应该追求的。分科不等于分隔,综合课也不等于整合。如果把不能建立有机联系的知识和方式放在一起,只会增加麻烦——或者因为内容空洞而让活动方式没有对象,或者因为内容跳来跳去而使学习变得糊涂。

三、困境中潜伏着转折契机

当下,尤其需要通过整合性教学改革提高教学效率,提高学生的学习兴趣和水平。这是因为,中国社会经济条件的普遍改善,竞争带来的普遍的学习压力和厌倦情绪既形成了提高学习内在动机的紧迫要求,也带来了发展内在动机的可能。

中国历史上有不少教育孩子刻苦用功的说法,如"铁棒磨成针""笨鸟先飞""悬梁刺股""吃得苦中苦,方为人上人"等。现如今,师长们会发现,这些曾经激励了一代代书童的话语对现在的孩子失去了影响力。这是因为,上学已经不是需要珍惜的难得机会;除了少数贫困地区,很多人已经不需要通过读书来改变生活状态了;此外,很多孩子从小娇养,吃苦耐劳能力弱,作业成为一桩非常劳累的事情。我们通过对全国十五个区域两万多中小学生的调查发现:学习的内在动机(学习兴趣)普遍低;从小学起,升学已经成为努力学习的第一位理由;应试压力在经济条件较差的地区较强,同时厌学情况也较强。[①] 竞争激起了强烈的应试行动,升学成为学生学习最为重要的理由时,学生对学习的兴趣被抑制。强烈的外在动机引导和压力,激烈的竞争给学校学习带来了内在的矛盾冲突。当青少年开始思考人生意义时,不少老师听到了这样的话:为什么我要下功夫学习?有必要那么费劲吗?尽管"考上好学校"成为最重要的努力学习的理由,但学生们生活无忧,而且价值多元带来了自尊满足的多途径,"考上好学校"已经不能产生多少动力了。在竞争压力下,没有足够理由努力时,退缩是最方便、最保护脸面的行为。这种情况下,最具有学习潜在动力的,唯有对学习本身的兴趣。因为喜欢而投入学习——这是心理学家最推崇的内在动机,是自主学习的最高水平,其动机作用力持久而健康。内在动机常常沉浸于学习本身的快乐,马斯洛称之为"高峰体验",类似中国古代哲人所说于功名利禄之外的无我境界,在身心合一的体验中不断自我超越。强烈的内在动机是所有成大器者的共同特点。除了超个体的责任感,游戏般探索的兴趣是促使人坚持不懈的主要力量。

  生活条件的改善会使为谋生而学习的动机疲软,悬梁刺股的读书劲头很难再现。即使父母保留着"吃得苦中苦,方为人上人"的观念,孩子也很难受父母叮咛影响。学习懈怠了,这是社会转型带来的观念的变化。可能造成学习动力遭遇困境,也可能促使学习动力产生进步,催化内在动机。真正应验了那句老话:祸福相依。竞争社会氛围激起外在动机,伴随外在动机卷起的过强压力抑制了很多莘莘学子的内在动机。这在当今已是社会上下众所周知、学校老师普遍挠头的问题。生活条件普遍改善,读书不再为谋生,这又为培养内在动机间接创造了机会。真可谓上帝在一个地方关上了门,又在另外一个地方打开了一扇窗。但是,这扇窗不会自动打开,需要人类灵魂工程师营造,整合教学应是开启这扇窗的合适路径。学习内在动机培养的依据在学习者自身。如果让学生在有意义的关联中学习,会营造出让学习者体验智慧活动和挑战的乐趣的学习环境,这有利于激活学生学习的内在动机。

[①] 李晓文,王晓丽.全国十五个地区儿童学校生存状态调查分析[J].华东师范大学学报(教育科学版),2014,32(1):20—31.

四、整合课建设路径思考

（一）以核心知识为主线自然展开

必须明确，建设整合课或综合课的目标不在设立新的课程，而是为了改变教学箱格化问题，包括对方法和知识两方面的探索。知识的本质是对信息的合理组织，"知识点"并非是"点"，而是一个有机的组织，区别只在知识的组织框架大小不同。"知识"与"知识的有机联系"是同义语。因此，分科知识本身并不必然造成箱格化，跨学科综合的知识也未必就保证了整合。这一努力经历了多年，认识前车之鉴对后来者永远是有价值的。

最初的努力可以见之以布鲁纳在20世纪60年代初主持的美国中小学教学改革。布鲁纳强烈主张纠正知识教学箱格化的弊病，他提出知识结构问题，组织科学家编写教材，根据知识的结构把高年段的知识下放至低年段，探索螺旋式课程，尝试采取适合于不同年龄儿童的教学方式呈现知识，尝试发现法让学生像科学家那样感受知识，培养内在动机。布鲁纳主持的改革因费时多、难度大而草草结束。奥苏泊尔弥补布鲁纳改革的不足，提出了"接受法"，根据学生对知识的认知结构提供先行组织者，引导同化加工学习。布鲁纳组织编写教材和设计教学的探索，是通过重新组织知识和知识教学，在学科内部形成整合。比起布鲁纳，奥苏贝尔聚焦学生学习的知识加工过程，寻找有助于建立学生整合性加工的教学方式。奥苏贝尔提出的三类同化学习模式，正是整合加工的学习结果。其中第三类"并列结合"同化加工，正是跨学科的整合，不过奥苏贝尔是探讨教学观念和方法的变革，并未探讨整合课教材建设。他的努力主要在推进教学合理化。我国有关综合课的一些提法，如认知情感整合、课内与社会整合，这些都是在纠正教学方式的割裂。

也许因为教学习惯的惯性，仅改变教学方式较难产生持久广泛的影响力，需要借助课程建设产生作用。有学者归纳了综合课建设的三种情况：① 用综合课取代分科课程，彻底打破传统知识体系。这类课基本在幼儿园和小学低年级范围内尝试，称为"全课程"。这些年，这方面的尝试在我国小学受到广泛的关注。② 综合课成为与分科并列的单独一门学科，作为分科教学的必要补充。这类课以一系列主题组成课程内容,比如,以"水"为主题组织教学内容。中小学设置的科学探究课和人文社会综合课即是这类课程。③ 不独立设置课程,根据需要在各学科教学单元中进行相关学科的组合教学。① 无论上述哪一类,最关键的问题恐怕首先是如何建设整合课的内容。所以需要考量,如何才能形成整合。

70 年代中期,法国教育部长哈比(René Haby)主持的初等和中等教育改革闻名于世,课程将历史、地理和公民课合并,改变编年史结构,由农业、运输、人类与城市、人类与环境等一系列主题构成。后续的跟踪调查发现,学生们对历史阶段印象模糊,大多数学生不知道法国大革命爆发于哪一年。所以哈比的课程改革因不力而停止。② 美国的社会科课程改革以历史学科为核心来架构人文社会课程体系,这受到美国社会科学家麦克尔·慧兰(Michael Whelan)观点的引导。麦克尔·慧兰认为:人类的生存在本质上具有历史含义。个人与个人、个人与群体的关系,人文地理、经济政治等都具有历史含义;都经历着实实在在的变化,留下了历史的轨迹。③ 反观哈比改革的失败,可以获得的教训是:跨学科的知识组织需要有承载知识的逻辑线索,否则学生没法留下深刻印象。历史是人文社会事件发生和演化的痕迹,历史本身就自然而然存在着内在关联性。

因此,根据历史整合相关学科的知识就比较合理。可见,整合需要选择能够产生组织作用的知识为核心,依仗核心知识为主线或轴,组织相关知识技能形成整合。当能够合理组织知识技能时,教学才可以自然而然展开。选择具有组织作用的核心知识或主题至关重要。换句话说,整合的核心是课程的内容、知识,有了核心知识,才有教学的明确目标,从核心知识出发,才能够有构思整合的基点,在此基础上选择和设计相关的教学形式,形成有机的整合。换言之,缺失核心知识,没法有实在和清晰的教学目标,难以构思整合,只可能搭没有实质性整合的拼盘式架子。基于这一思考来评判三类综合课整合性探索的可能与努力方向:

第一类,彻底打破知识体系的整合课。在目前情况下,科学发展和知识整理能力都未达到跨学科系统化程度,已自成体系的学科之间很难建立跨学科知识体系。只有在基础性强、交汇渗透性强的知识教学中,才有可能建立跨越分科的整合课。

---

① 沈晓敏,有宝华.综合课程的范式解析[J].课程·教材·教法,2000,(10):37—40.
② 张肇丰.中小学社会学科综合课程研究(上)[J].课程·教材·教法,1999,(4):14—17.
③ 李稚勇.社会中心·学科中心·学生发展中心[J].外国中小学教育,2009,(3):12—20.

所以,只有在知识教学起始状态的低年级可以做。即使低年级做全课程,也应该明确建立关键的知识技能。非如此,难以建立教学的结构层次的内在逻辑,导致教学目标模糊,教学散乱,不能落实基本知识能力学习、训练。

第二类,分科并列的综合课程,通过设立一系列的主题形成整合课的知识。这类课的建设需要明确其存在的功能,不能重复已有的分科教学风格,必须具有如今分科难以达到的培养功能,以弥补分科教学一下子难以打破的局限。这类课正是前述的法国哈比和美国慧兰引导的整合课,主题便是课程是否可能具有整合性的关键因素。主题的整合可能性应该考虑两方面:一是核心知识具有将其他知识技能自然而然连接起来,而且能够被特定年级学生接受的可能性。如果不能被接受,也不能自然展开一组知识技能的教学。这种情况下,就可能出现空洞局限于某个信息或某个技能。比如,学习科学探究时,教学探究包括一连串的步骤——调查研究、收集信息、设计实验,但没有具体用于知识载体;又如谈经济基础上层建筑的关系时,没有具体可被学生理解的知识。这样的综合课恐怕要比分科知识学习更加空洞,不能实现建设综合课程以突破分隔的目的。

第三类,整合课,根据需要在各学科教学单元中进行相关学科的组合教学,不需要另外设置教材,只要根据教学对象学习教学内容的状况,选择关键的未能获得教学效果的知识作为主题,拓展组织透彻学习的材料和教学方式。这类课程基于特定学科基础,有一个较成熟的学科参照系,能方便准确地根据特定年级学生的学习任务,选择需要加强理解和练习的知识为主题,设计拓展性教学,把提升理解和强化练习的场景和形式有机结合,增强重要知识的有效教学。这种整合课灵活性大,比较方便,不需要另起炉灶性的工作。至于整合性教学核心知识的选择,应该从知识特点和学习者状态两方面考虑——关注终身发展和知识增长的基础,以及学生学习难度较大的知识技能,可以成为系列化校本课程。本书介绍的内容正是这一类型的探索。

(二)游戏和艺术集体活动具开发潜能的特殊功能

整合教学必须是尝试激活学生学习兴趣和潜能,让学生全身心投入学习的教学方式。拓展整合教学往往要加强课堂教学的力度,打破分科教学的课堂局限,让学生沉浸于相关知识技能融通的情境,这自然需要共同参与的活动。拓展整合性教学要以小队或小组合作活动的方式展开。无论从教学需要，还是从本能倾向，或未来社会的要求考虑，合作学习都是教学所必须采取的方式。集体活动又是知识学习内化的重要环节（这一点将在下文中讨论）。此外，在伙伴共同参与时，个体容易消除因不懂，不会可能产生的自尊威胁焦虑，也更容易激活兴趣，全身心地投入。

采取游戏艺术性的集体活动为佳。游戏艺术活动具有开发潜能的特殊功能。在物质意义上，艺术和游戏是无用无目的的，但有其特有的内在吸引力。群体性的探索活动可降低外在威胁和增添尝试的可能，从而成为人类个体的本能。同时，游戏艺术活动在人的发展中具有独特的作用。"艺术和游戏一样，是某种额外的东西，一种装饰，一种对生命的强化。"①从小动物那里就可见，津津有味、乐此不疲。游戏的新奇和不确定性，吸引着小动物行动冒险和感受挑战。这带来了个体感受自己存在的特殊体验。人类演化过程中，游戏和艺术性的活动因其增添人生特殊意义而遗传进化为个体的特殊潜能倾向。游戏和艺术不是少数人的特权，而是人人都具有这样的潜能。② 在人类历史上，游戏和艺术性活动普遍见于日常的仪式中，它使人超脱人世的艰难困苦，产生支撑和焕发生命之光的精神力量。

游戏之于人，又有与动物不同的特殊意义。人在游戏中最能施展的是想象活动，游戏因想象而展开，也因想象而具有创造的机会。游戏对于人，不只是娱乐，还会生发智慧的挑战。与其他心理机能相比，想象在延续过去、当下和未来方面有着特殊的功能：想象产生于个体已有的知识经验，又可营造出具体的情境，在其中产生体验和新的思想。正因为如此，想象具有延续个体同一性和催化个体发展的功能。维果茨基认为："游戏创造了儿童的最近发展区，在游戏中，儿童总是超出平均年龄，超出日常行为。在游戏中，儿童仿佛比自己高出了一个头。就像处于放大镜的焦点，游戏以压缩的形式容纳了所有的发展倾向，它本身就是发展的主要来源。"③游戏艺术活动应成为整合性拓展教学的主要活动方式，在游戏过程中具体展开核心课程重要知识的教学，与此同时促进心理潜能的发展。

潜能恰恰通过游戏艺术活动开拓施展。在不同年龄阶段，有不同的蓄势待发

---

① 〔美〕埃伦·迪萨纳亚克.审美的人[M].卢晓辉，译.北京：商务印书馆，2004：76.
② 〔美〕埃伦·迪萨纳亚克.审美的人[M].卢晓辉，译.北京：商务印书馆，2004.
③ Cf. Milda Brėdikytė. *The Zones of Proximal Development in Children's Play*, University of Oulu, 2011：37.

的潜能,活动的设计与潜能匹配时更能让学生产生智慧挑战感,因而更有利于激活学习的内在动机。与此同时,匹配潜能的活动又为潜能发展搭了台,不同阶段的想象带有不同的机能色彩,婴幼儿的想象多半以感知动作联想为依据,儿童的想象可以以具体经验的联想为依据,少年的想象有可能根据道理的理解联想为依据。婴幼儿阶段是感知能力发展的关键期,幼儿到小学低年级是直观想象力发展的关键期,小学四五年级起抽象思维发展。如果活动设计与潜能匹配,特定的心理机能就能得以施展和锻炼,从而发展为稳定的机能,并且丰润起来。调动感知运动的游戏和艺术活动让婴幼儿感觉敏锐、乐于模仿;激活直观想象的活动让儿童心灵丰富、乐于探奇;激活概念思维的活动让青少年善于学习、悟性增强。缺乏充分的施展,潜能得不到锻炼,就难以有发展,会被抑制而变得干瘪。

每个主题活动的展开都可以成为技能以及品行学习的实践,任何一种活动都可设计蕴含着特定行为的学习和实践。正因为如此,拓展性整合教学可实现多重教学目标。核心学科知识教学是焦点目标,同时伴随着完成其他的目标,这些目标并非硬性叠加,它们与焦点目标之间有必然关联性,而且相辅相成,不可或缺。因此,所有的拓展整合性教学都可以让学生在其中学习合作和承担责任。拓展整合性教学又可以成为班队活动的一项内容,成为德育的实践。另一方面,品行教育是不能脱离具体实践开展的,没有蕴含着教育目标的活动,教育必然是空洞的。将拓展整合性教学与班队活动整合,既使教学活动采取了生动丰富的方式,也使品行教育有了实践场合。班队活动为整合教学添翼,整合性教学可提高学生生活的质量,让学校生活成为不断学习的丰富的生活。学生们在创造性的活动中学习运用知识,让学生的学习活动丰富多彩,也让学生的学校生活充满着学习探索。

(三)让学生互动于对象性活动,将知识内化为心理工具

掌握知识意味着学习要达到知识内化。教学活动如何实现知识的内化？前苏联心理学家对学习的内化机制进行了探讨,他们的研究提供了有价值的观点:

首先,需要明确知识内化所达到的状态。当学习的内容可以变成认识和解决问题的工具时,学习便达到内化的程度。维果茨基提出了"心理工具"概念,心理工具概念是由物质工具概念推演而来。物质工具指向外部,是人类用来控制自然过程的。物质工具的改变与人类生活交互作用,使得人类的生活方式、生活习惯乃至

思维方式发生变化。与物质工具一样,心理工具也是人为形成的,心理工具是符号性的,它指向内部,用来调节人类自己的本能、行为和心理活动。发展是在心理工具影响下,儿童的思维和行为发生重新组织建构。维果茨基说:"心理工具最本质之处是概括性。"①能够产生工具作用的是具有广泛多样基础的符号性概括或概念性的东西。这相当于中国的老话,达到"举一反三"状态。只有这样,才能建立起认识问题的观点和解决问题的思维方式。否则,还只是停留在知识的语言描述表层,未触及知识内涵。一旦离开作业和课堂,就不再有用。

　　心理工具大致可分为两类:比较基本的心理工具和高级心理工具。比较基本的心理工具是一般性的认知加工信息的方法和思考习惯,比如,对记号、图像、表格、文字、数字系统等的理解和使用。掌握了这类心理工具,就能够很自然地理解文字、图示和数字的指代性,理解图像表格的功能,并且能用它们整理信息、表达想法;高级心理工具与学科内容关系紧密,是特定知识领域的概念和知识组织方式。②领悟掌握特定知识领域的概念和知识组织方式意味着能用这种概念和知识组织方式来认识和思考问题,而不只是仅仅会完成某几个操作。只有掌握了揭示本质的观点,对世界和自己的认识才逐步变得合理而深刻,高级心理机能由此得到发展。

　　由于心理工具的广泛概括性,要让知识学习转化为心理工具,需要理解和掌握符号本身的功能。所以,一方面,不能以与原理割裂的具体实例教学,这样不能认识到知识的概括性,难以转化为心理工具。"当学校内所进行的阅读、写作和数学教学纯粹是一种学科内容和技能的训练,教学过程中缺少具有符号工具系统的工具性功能的中介时,这一现象就发生了。其结果会是,文字的和数学的技能被孤立了起来,从而不能影响学生的整个认知和解决问题的能力"③;另一方面,也不能"以一种超越的形式"呈现,"那样会不可避免地导致学生不能学到它们"④。因为"任何真实的概念,只有当它与决定它的概括性量度的关系系统结合在一起时才能被接受。一个概念像一个个活生生的细胞,它必须与渗透到周围组织中的分支相

---

① 〔以〕A.柯祖林.心理工具[M].黄佳芬,译.上海:华东师范大学出版社,2007:81.
② 〔以〕A.柯祖林.心理工具[M].黄佳芬,译.上海:华东师范大学出版社,2007:150.
③ 〔以〕A.柯祖林.心理工具[M].黄佳芬,译.上海:华东师范大学出版社,2007:81.
④ 转引自〔以〕A.柯祖林.心理工具[M].黄佳芬,译.上海:华东师范大学出版社,2007:89.

结合,才能被观察到"①。在不了解概括所依据的基础时,缺乏对不同场合表现的认识,就会变得空洞,难以获得对概括性规律的掌握。因此,学习知识,抓住其概括性,并且在相关的场合去运用,通过实践来感触知识技能在各种场合下的具体形态,从而领悟和掌握,正是扩展性整合教学所要发挥的作用。

上述是从内部心理建构视角看知识学习。从外部视角看知识学习的内化还需要关注对象性活动和人际互动这两个重要环节。

维果茨基提出,学生的学习一开始以他人为中介进行,学生内部的智慧活动最初形成于师生和生生之间的互动过程,"儿童文化发展中的每一个功能都发展两次:前一次是在社会的水平上,后一次是在个人的水平上"②。第一次发生在个体间,第二次发生在个体内。这一见解,以及后面要谈的列昂捷夫的研究,基于心理学研究达成这样一个共识的观点:外部的互动过程与个体内部的智慧活动在结构上具有共同性。从维果茨基他人中介的观点,要看到互动在知识内化中的关键作用。当指导知识理解和把握的教学以互动活动展开时,知识的内化便在其中形成。

列昂捷夫进一步将活动作为学习内化的关键环节,对活动结构进行了分析,揭示了教学活动的转化机制。列昂捷夫指出,活动目的"不是由主体随意提出的,它们是由客观情况所提供的"③。列昂捷夫提出,产生内化的活动具有对象性。活动的对象性是双重的:一是客观的制约活动的对象,二是主观的通过活动反映的对象。因此,当活动具有对象性时,便产生了内化机能,活动"把主体纳入对象的现实中,并把这种现实改变为主观性的形式"④。主观性形式包括对象的主观映像和主体的动机需要。当教学目标成为学习者的活动对象,活动过程会发生这样的转化:活动对象内化为活动主体的心理印象,并且成为主体感兴趣的选择,形成活动目的。也就是说,教学目标不能通过教师的指令直接产生作用,而是将其置于教学活动中,在学生参与过程中产生兴趣,从而内化成学习者自己选择的目标。正因为如此,采取游戏艺术活动形式还不能保证有效教学,活动必须蕴含所要教学的知识技能,把活动置于体现教学目标的具体场合,让学生在其中认识和实践,把握形成心

---

① 转引自〔以〕A. 柯祖林. 心理工具[M]. 黄佳芬,译. 上海:华东师范大学出版社,2007:89.
② 转引自〔以〕A. 柯祖林. 心理工具[M]. 黄佳芬,译. 上海:华东师范大学出版社,2007:59.
③ 〔苏〕阿·尼·列昂捷夫. 活动 意识 个性[M]. 李沂,译. 上海:上海译文出版社,1980:71.
④ 〔苏〕阿·尼·列昂捷夫. 活动 意识 个性[M]. 李沂,译. 上海:上海译文出版社,1980:60.

理工具,实现心理机能的发展。

(四) 匹配核心知识形态设计相应教学形式

知识有不同形态,最典型的如技能和概念的区别,如果对不同形态的知识采取同样的教学方式,效果会差距很大。这是因为,不同形态的知识心理表征不同,需要通过不同的教学活动建立合适的心理表征。信息加工心理学研究根据信息加工和储存特点可以把知识分为陈述性知识和程序性知识两大类。陈述性知识是关于世界的事实性知识,即日常所说的知识。程序性知识是指在一定条件下可以使用的一系列操作步骤,即日常所说的认知技能和动作技能。陈述性知识是关于它什么(what)的知识,程序性知识是关于如何(how)做的知识。两种知识的信息表征和实践形态不同,这决定了只有与知识表征吻合的教学活动才会有效。

陈述性知识主要以命题网络形式表征,在知识经验之间建立联系,尤其与更大的知识背景建立逻辑关联,在更大的知识结构中加工储存。尽管学习者阅读着同样的原理表述,但理解会不同。学习过程能够唤起较丰富的信息、形成广泛的逻辑关联表征的学习者,对知识的理解会比较准确透彻。在大结构里定位知识可以建立知识的脉络,与相关知识经验建立关联能让知识具体化并充实丰富。缺乏相关的知识经验,即使能够准确表述教材呈现的原理定义,也只是生吞活剥,只注意到个别语词,难想象出语词所指,造成生搬硬套、歪曲误解。表达陈述性知识的公式原理,多是抽象的原理定律。在具体情境下,事物会产生多样的变化,或者是多种情况蕴含了同样的原理规律,或者是需要结合不同原理解释一个事物的变化。除非有高水平的抽象思维和丰富的知识经验,一般人很难仅凭抽象原理的讲述去理解某个原理所揭示的普遍规律,更难想象现实世界里的某一事物会受到多重因素的制约。比如,自然世界的现象:存在飞机、风筝、火车站台危险和魔术游戏之中蕴藏着的压强差机制;晚潮的形成、食醋在胃里产生弱碱性。历史人文中的现象更为复杂,原理和规律只有在具体事件中才得以显示。这样形成真正的学习,帮助学生学会思维、适应生活,建立起合理的世界观和健康人生观。

程序性知识是我们日常所说的技能。程序性知识主要以产生式系统表征,产生式是一种系列性操作的信息表征,一定条件下会启动,一旦启动就是系列性的操作反应,表现为自动化的行为反应。这类知识需要形成下意识的熟练反应。从表征特点看，态度和品行学习也具有程序性特点，态度和行为倾向除了自动化的系列行为反应，还要伴随价值感受。这类知识的教学虽然也会有道理或行为程序的陈述，但陈述只是用来指导行动的。这些说明性的陈述很容易让人明白，然而，只是明白了道理，还不能在人们的神经系统内建立起产生式的信息表征。即使能把操作程序背得滚瓜烂熟，仍然会不知所措。涉及品行和理想目标的教育，又有另外的问题。如果只会说，说得不错，但没什么体验，很可能无动于衷。如果明白要行动，但感觉不到行动的意义，体会不到行动目标的吸引力，那就会没有动力。久而久之，变得空虚或虚伪，或变得麻木或冷漠，乃至出现人格障碍和分裂。

陈述性知识的整合学习目标在于领悟知识，在规则原理与具体事物之间，在规则原理之间建立有机联系。很多情况下是进行符号的转换，在各种符号之间建立联系，比如，在视觉符号和听觉符号之间、抽象的语言符号和具体的情境之间建立联系。这样使所学的原理规则不再因孤立而空洞，给抽象的陈述赋予丰富的内涵。程序性知识教学目标与陈述性知识不同，追求的是学会如何做，学会自然而然地合理有效地做。程序性知识教学要为熟练行动和体验搭台，引导学生进入实践，实践过程中形成系列动作表征，产生理想的价值感受和意向。陈述性知识教学聚焦认知，在信息的关联中形成深入的理解领悟。程序性知识教学需要在行为方式指导下有意识地行动，实践过程熟练到能自如行动后，变成下意识的习惯和行为意向。

因此，陈述性知识教学有特定的学科或跨学科知识专题，而程序性知识教学则展开于蕴含着特定技能或品行的活动。程序性知识的性质决定了程序性知识需要融合性的教学过程，甚至是必须依附于跨学科多场合的活动中，没有多样的具体活动，程序性知识因没法具体化而难以进行教学。比如，学习写作、学习合作或理想性别角色培养，都不可能通过讲述写作和合作的方法原则实现有效教学，也不可能通过讲述理想性别角色特征而变成理想的男孩或女孩。讲述要与行动结合，在行动中、在学习者的实践中学习——在写作过程中学习写作，在合作过程中学习合作，在帅气美好的实践中发展理想性别角色。

总之，在整合课教学中，首要考虑的是核心知识教学。围绕核心知识，设置教学目标、选择艺术游戏活动的内容；根据知识形态，设计集体活动的主要方式。合作交流自然融合其间，教师根据核心知识学习状态引导、调动和调整。

以语文为主线的整合教学探索

小学阶段最需要、也最适合拓展整合教学的核心知识技能当属语文。这是由小学阶段学生的学习任务总体特征、语文学科本身的性质和小学生心理机能发展的要求所决定的。除了幼儿园里的儿歌童话学习,学前阶段主要是在交往中学习口语,而且儿歌童话还只是幼儿的规范语言。进入小学,规范语言的听说读写全方位展开。因为语言是思维和交际的工具,当一个人语文基础未建立时,必然缺乏基本的阅读、表达和思考能力,难以投入其他学科广泛深入的阅读、理解和交流学习活动。语文是所有学科的基础,其他学科学习等待语文教学搭梯开道。小学阶段是语文打基础的时期,没有语文基本功,其他所有学科都难学得好。因此,在小学阶段所有的学科学习中,语文学科学习任务分量最重,需要投入更多力量。

语文学习包括听说读写各个方面、各个层次,从准确到贴切生动、从条理清晰到言简意赅、从结构合理到逻辑严密,多样而复杂。所以,语文学习的评价也比其他学科困难。如果简单根据听写默写的一些考试情况来判断,语文学习很容易浅尝辄止。语文包含着陈述和程序两类知识,既要明白知晓听说读写的规则,又要熟能生巧,掌握听说读写的技能。语文知识蕴含在各种具体的言说和文本里。脱离了具体的交谈和文章中语文知识是空洞的。语文学习既要通过各种具体的范例理解听说读写的规则,更需要在各种具体情境中实践听说读写。只有在现实生活中,在交往和合作活动中,在参与和担当中,在接触、投入和创造文化艺术活动中,才可能产生真实的感受,学会贴切地、生动地表达和交流各自的感受。只有通过表达和交流,学生才可能学会阅读,学会通过阅读来感受和思考。语文学习广泛存在于各种生活内容里,渗透在各种文本阅读交流和观察表达活动中。所以,语言学习必须以各种生活内容为载体,尤其是集体活动和思想品德课。相关活动可以充实语文教学,同时也因为语文教学而增强感染力。

除了上述原因,特别值得注意的是,语文教学是激活小学阶段学生潜能,发展学生思维、为学生人格丰满发展打底色最有力的。所有心理机能的发展与语文学习密不可分,这与语言文字具有的特有符号功能有关。本质上,人是文化动物,人的心理活动是以符号为中介调节的。[1] 建立合适的符号表征和符号之间的关联形成了心理机能的发展。语言是交往的工具,是思维的工具。学前阶段,语言基本用于交际,从小学起,语言逐步有意识地成为帮助思维、传播知识和传递思想的工具。学生在学习过程中不断发展着思维。逻辑性思维体现在有条理地思考,学会有条理地表达和写作能够促进思维逻辑性发展;概括和推理是抽象思维的典型特征,能够归类比较,能够把一连串零碎的事实或信息贯通为一个具有内在逻辑的整体,能够凭借概念和原理思考分析问题。语文学习中理解掌握语词,文章阅读中学习分段归纳中心思想,这些语文学习中最基本的活动培养着抽象思维;良好的思维活动体现在准确把握问题、不断归纳推理和不断反思调整自己思路。教学过程的讨论交流有助于培养学生的思维活动。与数学学习相比,语文促进学生发展的功能要丰富得多。语文学习不仅影响逻辑思维,还影响学生对现实问题的理解和价值感受。广泛阅读和表达交流有助于拓宽思想、深入思考。

想象力的培养因与创造力培养密切相关而受重视,但对儿童普遍存在的想象潜能培养却又普遍忽视。语文学习中有着开发儿童想象潜能的很多机会,如果忽视放过,会留下不可弥补的损失。拓展整合教学与班队活动、与音体美教学整合,可以开发出很多培养儿童想象力的机会。想象起步于形象的联想,稚气的想象需要丰富的感觉知觉经验和好奇大胆。初始的想象不加修饰,可以天马行空,只要联想丰富就很有趣。儿童的想象创造力与童年的涉世不深和缺乏抽象思维有关。因为涉世不深,儿童的想象不落俗套,属于他们自己。因为不懂抽象逻辑,儿童不会去求贴合现实,总用他们的泛灵眼光看世界。这些特点决定了想象力发展有关键期,过期不候。想象最活跃的阶段在小学三年级之前,教学过程中应选择最能让儿

---

[1] J. Valsiner. *Culture and Human Development: An Introduction*, London: Sage Pulications Ltd., 2000.

童感兴趣的实物引导儿童去观察,让他们积累起感知经验;为儿童提供想象性的语言范例,与他们的经验联系,引导他们感受语言表述的美妙的形象联想;选择合适的话题,组织儿童投入尝试,表达他们的想象。这样,儿童的心灵就会打开,与世界接触,与小伙伴的心灵交汇,他们就可能从心底里生出自己的想象创造。经历这样的学习,他们看世界的眼光会变得有趣,整个人会灵动快乐地发展。如果在抽象思维发展之前几乎很少启动想象,想象机能就会萎缩,抑制感受和情绪表达。

一、在随迁子女学校的迂回探索

整合教学的感悟产生于春雨项目学生发展子项目进行的过程中,这是个迂回的探索。开始时,我们设法从两方面同时开展工作:一方面,向老师们介绍班级建设的做法,组织学生自主管理日常班级生活,开展有儿童文化的班队活动;另一方面,通过听课评课改善语文教学。很快我们看到,这两方面的工作开展起来都十分棘手,语文课:听课评课总是引起教师受挫感;班级建设:几乎迈不开步。

随迁子女学校语文老师大多毕业于中小城市师范专科学校,有较强的工作责任心,教学语言和板书基本功也不错,但教育教学观念陈旧,虽然知晓一些先进教育观点,但对这些观点的具体行为几乎不了解。教学中有着语文教学普遍存在的弊端。首先,对语文学科在人的生命成长中的价值缺少正确认识,把语文学科价值浅化为工具学科,为训练学生掌握语文工具而教,为学生考试过关而教。其次,教学中割裂思维严重。语文教学只重课本教学,忽视学生课外阅读指导;阅读教学偏重知识考点教学,忽视阅读能力、听说能力培养,也缺少培养的方法策略;作文教学内容、方式脱离学生实际,内容空洞,指导方法刻板僵化,除了教材中指定的写作练习,再也不给学生其他写作机会,导致学生作文语言苍白无力、空话套话连篇、情感虚假、错别字严重,三年级学生还不能用句段表达思想,有严重的作文恐惧感。课堂上,老师只关注自己的讲解,缺乏学生主动学习意识,不善激活学生,不习惯引导全体学生投入课堂活动;指定发言只集中于少数几位学生,80%以上学生不主动举手发言,不能大方、连贯地表达想法;课文读不通,内容不甚了解。传统封闭的教学风格,加上随迁子女原有学习基础、学习习惯、家庭学习环境差等因素,学生们学得被动拘谨,大多数学生学习成绩差,不喜欢学习语文,缺少学习信心。面对这样的现实,老师们即使有教好学生的愿望也是心有余而力不足。老师们还留恋那种只讲好话的形式主义评课方式,对我们每次评课时指出不足和提出改进建议不习惯,有受挫感,甚至沮丧,一段时间还影响了教学积极性。主题班会的情形也与此类似,老师们习惯了的班会有两种模式,一种是"训话式",老师评价班级学生们近阶段的状态,批评发生的问题;还有一种是"表演",一般是老师准备好一切,让少数学生排练表演,多数学生观看。班队活动的主体不是全体学生。对于随迁子女学校的老师来说,组织全体学生投入学习活动是一件艰难的事。最陌生、最棘手的,是组织学生自主管理日常生活的班级建设工作。老师们对班级建设工作基本没有经验,不知道如何下手。另外,因为习惯性的应试观念,担心这方面的活动不能提高学习成绩,甚至使学习成绩下降,因此积极性不高。

但是,老师们有着基本的职业道德、较强的工作责任心,有为学生学习困难焦急困惑的情感和较强的改变现状的需求。所有这些,都成了我们坚持改革的动力所在。改革中面临的问题、困惑成了我们思考改革、寻找改革切入口的出发点。老师们最迫切的愿望是改革教学方法,尽快改变学生学习状态。调动积极性非常重要。教师是改革实践者,因此,我们先放下了老师们最陌生、最艰难的班级岗位工作,也不再听常规的语文课,直接介入语文教学改革。

具体做法是以文馨学校一、三年级为主,每周在实验班各安排一次语文课,有的用表演形式上阅读课,有的用游戏形式上作文课。课前,我们和老师备课、研讨,开课时相关老师共同听课,课后集体评课、重建。随着实验的深入,再逐步扩大实验学校、年级和班级。结果,仅一个学期就取得了可喜的成绩:

学生们学习积极性提高了,上课全身心投入,大方自然地说话,活泼快乐地活动,学习成绩明显上升。三年级学生能当堂写出语句通顺、条理清楚、真情实感的学习感受,一年级学生能以表演组为单位学习文本、组织排练、演后点评,提高了自主学习能力。学生们开始喜欢语文课,连同喜欢上了语文老师。

实验班老师从最初的受挫、困惑中走了出来,努力改变观念和思维方式,主动研究教学方法策略,主动反思重建。原先不敢相信自己的学生能主动积极学习,不敢相信自己也能主动探索创造,不会研究学生、研究教学,只把自己定位为模仿操作者。随着研究的开展,老师们逐步体会到自己是研究中不可或缺的力量,体会到成功的教学是大家共同研究探索的结果,体会到随迁子女同样有发展的巨大潜力,老师们变得自信了，对学生的状态敏感了，探索的乐趣也使他们更喜爱教学和学生。

实验班学生的积极状态、潜能好发挥感染了老师、教育了老师，试验班老师的变化为全体老师包括项目共同体学校的老师做出了榜样，老师们开展研究的积极性更高了，原先顾虑班级工作会影响学生成绩的思想也得以纠正，并把在教学活动中学得的组织领导能力迁移到班级活动中，尝试组织学生参与班级建设工作，有创意地开展儿童文化活动，带来了班级建设工作的积极变化和每个学生的进步。

二、探索成功启示

（一）重建语文教育价值观

直接介入语文教学，首先面对的是老师们对语文教育价值的认识。

语文教学中，传统的教育观念、陈旧的思维方式根深蒂固，形成了一股十分顽强的习惯势力，严重影响、制约着广大语文教师和语文教学工作，限制了学生发展。改变教师传统的教育观念、陈旧的思维方式，树立先进的教育理念、科学的思维方式并将先进理念、科学思维方式转化为教师的教育教学行为是教育研究中的神圣使命。春雨项目研究中，我们结合教学研究实践，将先进理念、科学思维方法渗透在语文教学的备课、评课活动中，渗透在教师日常行为的评析和对学生的解读中，理论和实践结合，用事实说话，以提高老师的认识和实现行为转换。

学校教育开设多种学科，这些学科虽然有各自特有的教学目的、特定的教学任务，但是，所有学科必须承担一个共通的教育任务，即培养"主动健康发展的一代新人"、"培养他们拥有积极的人生态度、良好的道德品质，具有迎接挑战的勇气、战胜挫折的坚强意志；培养他们拥有健康的体魄、科学的创造性的思维方法；培养他们拥有广博的知识、有较强的搜集处理信息的能力"[①]。语文学科是学校教育的主要学科，必须和其他学科一样，把培养新人放在首位。另外，语文学习是母语学习，母语是学生的精神家园，学生在母语学习中要获得认识世界、感悟世界、实现自我的

---

① 叶澜."新基础教育"论[M].北京:教育科学出版社,2006:202.

特有的路径、视角,发现问题的方法、思维方式及思维转换的策略和经历,丰富情感,提高言语智慧,最终获得宽广的精神视野和较高的精神品味。汉语还是世界上历史最悠久的语种,是中华民族优秀文化、智慧的结晶。学生学习汉语还负有"打造中国学生的汉语根基、精神根基和文化根基,负有学习、继承、发扬世界文化遗产的使命"。① 随迁儿童同样是鲜活的生命,肩负着国家建设重任,需要在学校教育中,通过母语学习方式获得主动健康的发展。当前,他们的生活条件、学习环境比较差,学习中遇到的困难比较多,就更需要我们花大力气培养。基于这个根本认识,研究实践中首先必须扭转老师们以往那种把语文学科价值定位在工具学科的窄化、浅化的偏离认识,重建语文学科教育价值观,正确、全面、充分认识语文学科在学生成长中的价值,并将这种认识付诸于教育教学行为实践。

(二) 确立培养语文能力的教学重心

教学重心的选择受制于学科教学价值观和思维方式。学科教学价值观、思维方式偏离必然导致教学重心偏离。语文课程标准中虽然也提出要培养学生听说读写能力,关注能力培养,但顽固的语文学科工具论思想、割裂的思维方式决定了教师教学中的主体地位,强调的是基础知识、基本技能的讲授与考核,无视学生学习中的主体地位,忽视学生能力的培养。学生观察能力、阅读能力、表达能力、独立学习能力、言语实践能力培养等全不在教学重心的视野之中,造成学生严重的高分低能现象。

在项目研究过程中,老师们逐步明确要实现语文学科的育人价值,必须以语文能力培养为重心,学习关系思维,辩证处理语文教学中的若干关系,为能力培养这个重心保驾护航。

比如,知识与能力关系。知识、能力是互相制约与发展的,知识掌握得多、牢固,理解深刻,有利于能力发展;能力越强,获得知识越快,理解知识越深刻,运用知识越灵活。语文学习中,学生既要学习许多知识,也要锻炼若干能力,知识、能力同时发展才能全面提高教学质量。但是,随迁子女学校的老师们普遍认为随迁儿童知识基础差、学习条件差,教会他们知识已经不容易,根本不可能培养他们的能力,

---

① 李政涛,吴玉如."新基础教育"语文教学改革指导纲要[M].桂林:广西师范大学出版社,2009:38.

于是片面强调知识教学,拼尽全力狠抓知识质量,当然达不到理想的教学效果。老师们为此困惑而沮丧,对学生们的提高丧失信心。项目研究中,在教学研究、备课评课中,老师们逐步认识到知识和能力的关系,认识到老师对文本内容的含义讲解再详细、再深刻,只是老师自己对文本的体会,不能自然转化为学生的理解能力;老师把作文的知识、原理讲解得再具体,也不能提高学生的作文水平,从而明白要扎实打好学生的知识基础,更要培养学生的学习能力,努力学习在知识教学过程中培养学生的学习能力。

比如,听说读写关系。培养学生听说读写能力是语文教学四大基本任务,听说读写四种能力相互依存,一强俱强一衰俱衰,其中听说是阅读与表达得以实现的基本条件。但是在应试教育思想影响下,老师们认为只要狠抓阅读和作文就能提高语文成绩,因此普遍忽视听说教学,忽视对学生听说能力的培养,结果造成学生语文能力的整体缺失。项目研究实践中,老师们从一年级起就着手培养学生的观察表达能力,从观察实物素描到观察自然人文,由听说到读写,学生的变化发展令老师们兴奋不已,事实说明四种能力相辅相成,缺一不可。

再如,课内课外关系。课堂是小学生学习的主要场所,课本是小学生学习的主要材料,这已成共识。但是把学生的学习只局限于几十平方米的课堂和一本小小的课本就大错特错了,这无疑违背了母语学习规律和青少年学习规律。以往,老师们总是抱怨课时太少,课文来不及教,练习来不及做,虽然知道课外阅读、实践活动有益于语文学习,但总觉得花时太多,得不偿失,理论可信,但实际做不到,至少随迁子女学校难做到。也是在项目研究实践中,老师们看到学生阅读课外读物的热情、实践活动中语言创造性地运用,才由衷感受到母语学习的天地有多宽广,课外学习在能力形成和发展中的意义,老师再完美的教学也不可能取代学生的主体学习,离开了学生的语言实践,语言能力将无从形成。老师们开始为学生开放学习实践的时间、空间,为学生搭建言语实践的平台。

(三)实施整合性教学策略

学科教学行为和教育价值的认识、思维方式紧密相连。叶澜指出:"新教学过程转型首先从教学过程的方法论转换开始。"①《"新基础教育"语文教学改革指导纲要》中对教学方法论内涵及要点做了如下概述:第一,教学方法论关注的重点不是方法,而是方法和教学内容、对象的关系;第二,教学方法论要考察方法的思想依据和理论依据;第三,教学方法论受教育理论、教育思想制约。② 以前把语文学科价值定位在工具学科,遵循的是割裂、封闭、静止的思维方式,带来的是机械、繁琐的操练行为。语文学科教学不仅内部存在严重的割裂现象,与其他学科更是老死不相往来,削弱了人的整体素质培养。从促进生命整体发展的高度和捍卫汉语精神家园的高度认识语文学科教学价值还原了语文教育价值的本来面貌。陈旧、割裂的思维方式必须转换为整合、开放等科学的思维方式。

实施整合性教学策略是转换思维方式、改变教学行为、体现育人价值的重要举措。项目研究中,我们和实验学校老师们一起,在改革中将语文教学置于学生整体发展系统中,尝试整合性教学策略,即用语文教学方式、整合性教学策略培养学生积极的人生态度、科学的思维方式、较强的语文能力,发展学生的潜能。

1. 整合性教学内容

教学整合必须做乘法,将相关学科教学方式和要求有机结合起来,学校各学科教学在同一教育目标指导下,根据学生成长、知识掌握、能力形成的规律,既各负其责,又相互渗透、密切配合,形成合力,结合成学科群整体,为学生的学习实践搭建更大的平台,让学生在丰富多彩、灵活多变的自然语言实践中得到更多更全面的锻炼。在解决问题的过程中综合运用各种知识,争取产生乘法增效。但是这种结合不是叠加式,要有明确的核心,这是整合性教学设计的纲领。由核心任务定位主要教学目标,由核心延伸确定相关的教学资源和支持,从而形成有机整合。核心任务是儿童语文能力培养、潜能和人格发展引导。在不改变课程设置前提下,以班级、队组为单位,根据学生成长的潜能,设计语文教学任务和活动主题,以儿童文化活动为主要形式,与相关学科结合,让学生在创造性学习过程中积极获取知识,发展能力和品性。

根据整合性教学主题的需要,教学内容尽可能与正在进行的相关教学内容结

---

① 叶澜."新基础教育"论[M].北京:教育科学出版社,2006:103.
② 吴玉如.中小学生语文能力培养与实践.福州:福建教育出版社,2014:16.

合。教学内容可取自语文教材、思想品德课教材、科学常识课教材和音乐美术课教材；也可以以学生的学习和日常生活的适应，以及成长任务为主题，比如文具管理、教室整理、认识同学、学校管理参与、四季变化等；或以学校常规文化活动为主题，如科技节、艺术节、读书节、运动会、春游和秋游、传统节日、社会活动参与等。根据整合教学活动的需要，请相关学科教师合作指导，并且根据学生特点，采取适当的方式拓展学习材料。

2. 整合性教学主要活动形式

游戏、表演活动是整合性教学的主要形式。

表演可以使阅读和色彩、形象、声音结合，与儿童成长潜能契合，展现儿童文化创造特点。由此建构新的教学形态，实现学生在阅读中的主体地位、一般阅读能力培养。结合学生群体的具体特征，选择适于表演的课文，相关学科教师联手引导，营造出生动的具有年级特征的活动，让学生们在绘画、朗读、表演中想象、思考、体验和表达。采用阅读表演教学，拓展解读、感悟、表现作品的形式，提高儿童学习语文的兴趣，提高学生的综合素养。游戏可以给学生心灵松绑，在愉快、和谐的情境中调动学生多种感官参与学习过程；游戏可以为学生创造观察、体验的语境和表达交流实践机会；游戏还是培养学生合作性、原则性等优秀品质的重要形式。采用游戏作文形式于学生培养可以收到综合效应。

课堂教学转化在游戏表演过程中，能释放和开拓儿童的天性，克服在神圣化、严肃化教学氛围下的心理负担。在天性的驱动下，确认剧本人物身份体验和性格体验，剧本的思想对学生产生潜移默化的影响。因此，表演阅读教学、游戏作文可产生综合能力的相互促进、良性循环：表演、游戏激发兴趣——提升阅读、表达的欲望和质量——形成阅读、表达习惯——发展能力和性格。

3. 整合性教学的活动组织

根据年级特点，采取合适的方式组织引导学生合作活动，这既是整合性教学的展开方式，也是整合性教学的重要任务。让每一个学生都投入活动。在活动中交流对话、克服困难解决问题、动手动脑合作创造。教师是活动的幕后策划者、活动过程的指导者，引导学生投入整合性学习活动，锻炼学生的组织能力、合作能力，指导扶助学生进入合作创造性的活动。避免教师或少数学生包办代替。调动所有学生的积极性，让每一位学生得到锻炼。

4. 明确教学目标,促进心理发展

整合性教学活动容易提起学生的兴趣,但不容易让学生在玩的过程中学得有效。因此,所有的游戏表演活动都不仅仅是让学生喜欢和活跃。每一教学活动都要有显性和隐性的双重目标:一方面是明确的阅读理解和表达交流的语文教学目标,另一方面要对贯穿教学过程的学生想象、思维和合作能力的培养,品性的发展,有明确的意识。教学要有系列活动计划,对教学内容的选择有明确的教学要求,对教学活动形式的设计有清晰的意识,避免把活动简单定位于学生的快乐和课堂气氛的活跃。

儿童在学前的成长过程中积累了较多纯粹的感知经验,在生活中建立了交往的基本言语能力。进入小学后,开始了规范的语言学习,调节心理活动的符号能力随之发展。这是伴随人一生、影响人一生的重要发展,每个人建立的符号能力决定其想象、体验和思维、学习和解决问题、反思和计划的状态和水平。一方面,语言符号通过与感知的联结而建立,随着符号能力的发展,想象、思维、情感体验能力会不断提升和丰富。另一方面,通过投入学习活动,在文化资源中,在与同伴的合作交流中,获得对其他人的、社会的观点和体验的见识,有助于促进自我调节和合作交流能力的发展。在每个年级,学生都具有可激活潜能的特定倾向,教学活动蕴含的训练要求要随着提高,教学活动的形式需要随之变化,组织学生合作活动的方式也需要相应变化。为学生的潜能发展搭建阶梯,尽可能让学生在每一阶段发展得丰满。

(四) 研究项目的第一责任人——学校领导

在探索过程中,虽然新的教学形式容易激活学生的学习兴趣,缓冲着教师的受挫感,但老师不可能一下子丢弃习惯了的观念和行为,表浅地"以儿童为中心"的理解也容易产生低效的教学行动。因此,观念的冲突仍然存在,受挫感依然会有,改革试验的推进不可避免地存在着难度。这一过程中校长的高瞻远瞩和全身心投入对试验研究的推进、深入起了不可替代的重要作用。

实验起步于文馨小学,这是一所随迁子女学校,不仅办学物质条件差,教师队伍参差不齐,领导班子也人手不足,年近六旬的顾文兰女士校长、书记一肩挑,为了提高学校办学质量,提高教师整体素质、教学水平,不顾自己年事已高,积极争取社会各方力量开展教育教学研究。春雨计划是研究项目之一,顾校长成了研究项目的第一责任人。

顾校长是项目策划者。从总体计划的目的、要求确定到每次活动的内容、人员安排,考虑周到细致,调度有序。既保证试验班老师全勤投入,又方便其他老师积极参与,每次听课评课的老师们济济一堂。顾校长是项目的参与者、引领者。每个活动日,顾校长都全程参加听课并主持评课活动。当老师们思维受阻时,她能提出问题启发思考,当老师不理解实验要求时,她能深入浅出进行解说,充分利用研究资源,保证每次活动的质量,保证每位老师能在活动中获益。她帮助老师解决困难,为老师、学生的点滴进步兴奋不已。她加强教研组建设,培养教研组长,重视研究课的初建、重建、实验研究日常推进工作,实现了研究实验的持续发展。顾校长还是研究团队中的多面手:是司机。每周活动日早上,她亲自开车去地铁站接我们,下午又开车送我们去地铁站。

回顾谈论这一探索过程时,我们时常戏谑地称这一迂回探索的经历为"曲线救国"。有意思的是,这让我们尝试着走进了整合性教学。于是有了之前所谈的对整合课程的审视,以及对我国综合课程路径的回溯思考。探索实践使我们确信,整合是提高教学效果的必经之路。随迁子女学校的状况是中国很多地区基础教育的代表,在这些学校的成功一定也能在其他很多学校获得成功。不仅整合性教学可推广于其他学校,这一探索经历对认识教学改革的规律也具有意义,探索的迂回成功经历蕴含着文化建构的规律。文化建构是推进文化演化的进程,文化的演化不能脱离原先的文化基础。否则,文化的演化就难以产生。教学改革的切入应该要遵循文化演化的规律。文化演化总是在一定程度上延续原先的文化。群体的价值和习俗取向具有惯性和趋势,影响着群体中个体的需要和行为选择。中国传统教育儿童文化弱,对孩子读书的成绩要求强,近年来有增不减。社会上素质教育—应试教育的对立观念搅浑了对学校工作的评判。情急之下推动教学的机械化,采取降低对学习成绩的重视切入改革只会引起担忧和抵触,很难纠正机械化教学状态。无论是出于教育的责任,还是顺应文化的倾向,都必须把提高学生的学习兴趣和能力放在首位。文化的价值取向渗透在个体需要中,教育改革最终依靠的是教育实践者的行动。

第二部分

一年级语文整合教学活动主题和案例

一、一年级学生成长潜能和学习引导

一年级学生普遍充满了好奇和兴奋，下课时校园里到处跑着的基本是一年级学生。为一时的乐趣吸引，沉浸在活动之中，沉浸在因投入活动而兴奋的自身反应之中。但是，没有活动的目的，意识不到活动相关的要求和社会性评价。一年级学生会充满热情地投入各种活动，但不能坚持。因为只有自己的乐趣喜好，意识不到活动目的和任务要求，活动的投入随心而往而离。因为没有参照，没有比较，所以意识不到自己在活动中的状态和感受，不能进行自我评价和积极的自我调节。他们喜欢活络筋骨的游戏活动，喜欢带有游戏色彩的学习。他们从以身体活动的游戏为主的幼儿园生活进入了以知识学习为主的学校生活，特别需要在延续幼儿园生活的基础上进入课堂学习。学习学校生活规则，养成良好的习惯，是一年级学生的重要任务。独生子女同伴交往普遍欠缺，伙伴游戏交往的缺失造成规则意识和习惯培育的先天不足。一年级学生的规则意识和行为习惯培养在当下变得尤其重要。

进入学校，开始了全新的学校生活。识字、读书，学习规范的语言，将会使儿童的符号能力发生转折性变化，以感知符号为主要中介将要逐渐升格为以语言符号为主要中介。学前和小学低年级儿童语言作为思维工具的能力非常弱，在脱离感知活动时难以依靠语言去思考，很难进入与感知动作无关的纯语言的对话。一年级学生直接用行动表现自己的情绪感受，用直接简单的语言表达自己的需求，课堂上一旦进入纯语言对话和没有动作或任务的学习活动时，很多儿童就会分心走神开小差。所以,一年级学生的学习过程中要有具体的调动感知动作的任务。最容易调动语言能力较弱儿童学习投入的,是节律性的语言活动。节律性的动作能使儿童全神贯注地投入。

因此,儿歌童谣是一年级学生最适合的阅读材料。尤其是在小伙伴们齐声朗读时,有节律的儿歌童谣更容易增强语言能力较弱儿童的学习兴趣。[①]儿歌童谣是一年级学生学习的首选内容,儿歌童谣表演是培养小组合作的主要载体。此外,学会在倾听中学习,注意倾听同伴的表达,是一年级语文整合教学和学生发展的主要任务。

一年级学生直接用行动表现自己的情绪感受,用直接简单的语言表达自己的需求。一年级学生还不会交流合作,主要通过简单操练性的说话、倾听和对话培养交流合作。小组活动人数宜4个左右,多了难以组织。合作交流能力建立在说话和听话基础上,能够大胆、大方地说,在别人说话时能够注意倾听。没有这一对能力难以学习合作交流。对于不具备这些能力的一年级学生,首先要培养说和听。例如,让学生向同学们介绍自己,轮流做"一日小班长",大声喊"起立",可以训练学生大胆说话和注意听。

一年级学生以感知符号为主要中介逐渐升格为以语言符号为主要中介,但以语言符号为主要中介能力非常弱,学习中合作交流能力弱。规范语言刚刚起步,有节律的儿歌童谣更能增强儿童学习兴趣。尤其是学前教育薄弱的学生,特别需要在与感知经验联结中学习语文,在观察感受中学习表达。如果语言符号不与具体经验联结,只能是字形的视觉符号,或是字词的声音符号。没有内涵的字的声音与动物掌握自己的称呼差不多,没有内涵的字形视觉符号则不如现实事物的印象。如果掌握了含义,情况就不一样了,一个字的意思远超过一个图。所以,认识字词有助于形成概念,会促进思维发展。因此,一年级学生认识字词与掌握语义不可分割,语句提供了语义背景,也唤起了经验。学习书面语言需要与感知经验联结,创造性地表达语言也要与感知经验联结。观察和描述活动对一年级学生的发展具有重要作用。这种活动可以在语言运用和感知之间建立联结。通过在各种具体场合引导学生仔细有序地观察特定的事物,并且用语言表达自己的感受和想象。这不

---

① 苏婧. 激发语言弱势儿童学习投入的路径探讨——动作及其节律的视角[D]. 华东师范大学,2012.

仅有助于准确掌握规范语句,而且有助于通过表达培养观察和想象能力。积累了基本的日常生活感知经验,形成了言语对话能力,为想象进一步发展建立了基础。

二、儿歌诵读表演教学

儿歌童谣最适合一年级儿童阅读。儿歌内容积极向上,或叙述事件或单纯集中地描摹。儿歌生动有趣,想象力丰富,易为儿童理解,是教育学生的好材料。儿歌语言活泼、节奏明快,有鲜明的音乐性、节奏感,适宜诵唱,唱起来朗朗上口,并能和游戏、形体动作配合。儿歌篇幅简短精巧,结构单一自然,生字新词也少,便于儿童诵读和记忆。诵读儿歌能培养学生的语言感受、学习兴趣和语言表达能力。教材中虽然有不少儿歌,但远不能满足学生的阅读需求,老师可以选择补充大量儿歌童谣,指导学生课内外阅读。

(一)选择内容丰富、形式多样的儿歌童谣

选择儿歌要体现形式多样性、丰富性。儿歌类型多样,有以儿童为主要接受对象的具有民族风味的简短诗歌、民间流传的童谣、作家创作的新儿歌。一般有四句、六句、八句。有三言、四言、五言、七言、杂言。有摇篮曲、问答式、接龙式、绕口令、谜语等式样,深受儿童喜爱。有的儿歌在构词、组句上有特殊的韵律特点,如连锁调、字尾歌、颠倒歌、绕口令等,对发音调节口舌有特殊功能,有助于培养语言的准确性和音律感。同时,因为语音节奏的特殊,更容易引起儿童的好奇和兴趣,增强学习语言文字的积极性,学习记忆效率会更高。

连 锁 调

小调皮,做习题。习题难,画小雁。

小雁飞,画乌龟。乌龟爬,画小马。

小马跑,画小猫。小猫叫,吓一跳。

学文化,怕动脑,什么时候学得好?

绕 口 令

坡上立着一只鹅,坡下就是一条河。
宽宽的河,肥肥的鹅。
鹅要过河,河要渡鹅。
不知是鹅过河,还是河渡鹅?

天上有个日头,地下有块石头,
嘴里有个舌头,手上有五个手指头。
热日头,硬石头,软舌头,手指头,
小朋友一起练练舌头。

颠 倒 歌

小槐树结樱桃,杨柳树上结辣椒,
吹着鼓,打着号,抬着大车,拉着轿,
蚊子踢死驴,蚂蚁踩塌桥,
木头沉了底,石头水上漂,
小鸡叼住饿老雕,小老鼠捉住大狸猫,
你说好笑不好笑?

字 尾 歌

小猴子搭起戏台子,穿起一条红裙子,
引出两条小狮子,舞起三个响铃子,
穿过四个小圈子,抛起五顶小帽子,
叠起六把小椅子,摆起七张小桌子,
转动八个小盘子,挂起九面小旗子,
变出十个小果子,人人都夸小猴子。

选择儿歌要注意内容的教育性。儿歌是对低年级学生进行教育的主要材料,因为儿歌节奏强,朗朗上口,容易记忆,可以对一年级学生产生较强的影响,提醒和指导儿童行动。特定主题的儿歌是引导一年级学生主动自我调节的合适教材。最典型的是行为规范类,诸如遵守纪律、礼貌礼仪、自理行动、友好和气等方面的儿歌。这些儿歌都有具体的行为表现和价值判断,如下面的礼貌歌可以引导儿童评价规则。在一段时间里,可组织进行诵读表演,建构特定的文化氛围,组织全班学生进行行为评价和小组比赛,促使大家养成良好的习惯。

礼 貌 歌

小学生,有礼貌,唱着儿歌进学校。
见到老师敬个礼,看见同学说声早。
平时相互问问好,分别再见别忘掉。
求人帮忙请在先,最后别忘说谢谢。
影响别人对不起,回答请说没关系。
做个文明好孩子,礼貌用语记心里。

有关同伴交往合作的儿歌也不少。比如"丢手绢""找朋友"。对这些儿歌,可边唱边游戏以营造友好活泼的集体氛围,培养友好交往的行为。有的儿歌具有对话特点,如问答儿歌,可以作为对话姿态训练的一种方式,尤其对于不会交往、不敢对话的儿童,通过儿歌对话表演活动可以让他们对交往对话产生兴趣。

问 答 歌

什么好?小羊好,小羊细细吃青草。
什么好?小兔好,小兔玩耍不吵闹。
……
什么船儿上月球?宇宙飞船上月球。
什么船儿海底游?潜水艇儿海底游。
什么船儿水上飞?气垫船儿水上飞。
什么船儿冰海走?破冰船儿冰海走。

一年级学生还不能理解一些知识和道理,通过儿歌诵读和集体表演,能产生强烈的体验,了解和接受一些基础知识和道理。比如,下面反映算术规律的儿歌、爱国的儿歌,一年级学生完全可以在诵读和表演中,唤起想象,获得知识、产生体验。

数 青 蛙

一只青蛙一张嘴,两只眼睛四条腿,
扑通一下跳下水。两只青蛙两张嘴,
四只眼睛八条腿,扑通扑通跳下水。
……

祖国是我们的家

蓝天是白云的家,树林是小鸟的家,
小河是鱼儿的家,泥土是种子的家。
我们是祖国的花朵,祖国就是我们的家。

儿童读物中有大量儿歌童谣可供选择,老师也可以根据教育教学需要自编儿歌,如学生不能坚持正确写字姿势,就将正确写字姿势编成儿歌,让儿童写字前诵读;学生下课喜欢在走廊、操场奔跑打闹,就用儿歌形式告诉学生轻轻走路不打闹。还可以指导儿童编写儿歌,儿童编的儿歌虽然稚嫩,但是却能表达情感和学习语言。

(二)诵读表演是学习儿歌童谣的好方式

儿歌教学不以识字为重点,主要是诵读。通过老师示范帮助儿童读准字音,做到吐字清晰,让学生在形式多样的反复诵读过程中自然识字。如个人读、同桌读、小组读、齐读、轮读、背读、配合动作读等。诵读儿歌要把握好节奏,不宜太快。可以配合击掌、蹬足、摆动身体等形体动作控制节奏,做到朗朗上口,节奏明快。理解儿歌内容切忌烦琐讲解,以免削弱儿童诵读兴趣。可以启发儿童根据儿歌内容设计动作,可以全班设计统一动作,可以以小组为单位设计动作,也可以每个学生根据自己的理解编出各自不同的动作在全班交流表演,加深对儿歌内容的理解与感受。边诵读边表演,兴趣盎然。动作表演最受儿童欢迎,同时也是记忆儿歌、理解儿歌、抒发情感的最好形式。

儿歌诵读表演还利于培养学生合作意识,为形成集体搭台。由于能力限制,一年级学生不容易开展集体合作活动,儿歌诵读表演相对简单,富有童趣,是最为合适的学习合作的路径。以小组为单位、人人参与、集体排练,在班级表演比赛,可以充分释放儿童活泼的天性。哪怕胆小的缺乏锻炼的孩子,也可以在有节律的身心投入的儿歌诵读中变得大胆起来。儿歌节律本身就可以引导学生们齐步并进,大家一起做同一件事情,在同一过程中步入了合作。

一年级学生开展儿歌诵读表演活动,从排练开始,就在老师组织指导下学习合作。排练时,一个小组的学生在一起,学习诵读、设计动作;然后,学习排队上台,站到教室讲台前,面对全班,向大家问好后大声诵读表演。每个人既要表现自己的朗读能力,又要保持跟小组同学同样的节律、声音和表情状态。每个人都努力表现出最好的状态,让自己的小组获得好的成绩。儿歌诵读表演时,老师还可以指导学生学习和练习表演的基本仪式:主持人报幕,小组长介绍,演员上台和下台的礼仪,观众的倾听和鼓掌。这样的活动可以帮助一年级学生形成最基本的公众场合的表演意识和能力:大方自信地面对观众,大声自然地朗读。

三、观察表达教学

(一)观察表达教学对于儿童发展的特殊功能

观察活动非常适合于培养儿童的语言能力,又是综合性锻炼和发展儿童心理机能的重要途径。儿童一般在学前阶段建立了一定的观察说话基础,小学低年级要在已有基础上进一步提高。低年级的观察表达是后期进一步阅读写作等语言能力发展的基础。低年级学生生性活泼,爱表现,好奇心强,是学习观察说话的有利条件。低年级语文教材中安排了较多的观察说话内容。然而,观察说话教学中普遍存在一些问题,这些问题阻碍了展开观察教学的工作。缺乏从学生语言能力和综合素养发展认识观察教学的价值,仅仅考虑为完成教材规定的教学内容而教,只是局限性地执行教材的要求。这表现出两方面的问题:一是简单下达观察的任务:观察星星,观察天气变化,但不指导如何观察。学生们不知该如何观察,只是通过搬用教材上的语言应付课堂交流。二是过度依赖多媒体教学设备,简单将观察的内容局限于屏幕。观察话题由屏幕提供的图像所规定,要求学生用指定的句式表达。没有与儿童的生活相结合,忽视在生活中指导儿童的观察学习。这两种观察任务都很难产生真情实感,结果造成孩子的懒惰,语言表达因遵循句式或套用文本而变得失去了灵气,思维也因此变得僵化。观察不再是有趣的事情,久而久之,想象因视野的禁锢而张不开翅膀,学生的感官对周围的事物、对日常生活随时发生着的变化变得木然,探究天性会消逝。没有了对生活的感受,阅读理解和表达没有了经验基础。长期缺乏真情实感表达的锻炼,连原来会说话的学生也不会说话、不想说话了。导致产生此类问题的一个主要原因是对观察表达教学的教育功能缺乏清晰的认识。

人生来具有扩大自己认识的倾向,对不了解的事物会好奇。但是,人生来具有的这种倾向只是观察的动机,还不是观察活动。观察不是简单地观看和好奇地张望。人生来不具备观察能力,需要学习、锻炼、培养。观察不是简单地获取信息,也不只是要获得事物的整体印象,还要试图去获悉事物的结构性或重要信息。观察过程中要对事物的信息进行选择、整理、联想和提炼,把一片杂乱的信息根据一定的意义联系起来。观察过程中的信息交汇体现在关注感受外部事物时进行认知加工整理,不仅使用着感官感知物理刺激,而且使用着大脑进行判断、推理和想象。也就是说,观察活动是外界信息内化和心理活动外化产生交汇的窗口。观察时,人们注意着外部的特定事物,同时产生相应的心理活动。

观察的这一性质,对于儿童发展具有特别重要的作用。这是因为,观察是儿童获取信息的主要渠道,儿童学习和社会化活动特别需要依靠观察活动。儿童学习语词、掌握语义需要将语言符号与语言所指的具体事物联系,观察有助于建立符号与事物的关联,从而掌握语义。儿童学习表达,一开始总是要模仿学得来的语言,如果表达仅仅只是模仿,没有自己的感受,这样的表达就是套话。人如果经常讲套话,语言会与心分割,语言能力必然困顿,思想会变得迟钝,情感会变得麻木。所以,必须尽可能让儿童的表达产生于他们自己的感受。与观察活动结合,让儿童在观察过程中学习表达,是培养语言能力的重要渠道,也是让他们健康发展的重要路径。观察会产生两种结果:一是对所观察的信息进行认知加工,二是练习和发展感知、思维和想象等。如果让儿童表达自己的观察结果,观察就为语言运用创造了机会。观察的内外交汇性质让语言表达的介入产生了连环套性质的发展作用。语言的介入调节着观察过程,提高了探索和加工信息的水平,也使语言与心理机能产生有机的融合,语言能力也会产生飞跃性的发展。

观察表达教学要建立在观察教学的功能基础上,认识观察表达对于儿童发展的具体作用。杜威认为:"观察不同于已经熟悉了的感知的认识。实际上,已知的对某些事物的认识,对于进一步探索有着重要的作用。但是它比较机械,比较被动。而观察却要求头脑灵活,警戒地注视、追求和探察。认识应用于已掌握的事物,而观察却用来探究未知的事物。"① 观察承担着探索发现任务,往往需要筛选信息,去发现信息之间的关系,还可能会发现之前没有注意到的信息。在观察前向学生提出观察的探索性目标,要求他们去发现事物中隐含的次序或规律,或者去观察某个画面人物的心情或蕴含着的故事。与生活情境分离的图像没有实际意义,难以有隐含的信息关联,所以不能用以培养观察能力。杜威对一些孤立地训练观察力的方法(快速一瞥数字或图形的排列,然后复现出来)的评论尖锐地指出了这些观察训练的问题,他说:"那种孤立的训练如同竹篮打水,不可能得到什么结果。即使是获得了技能,这种技能也几乎没有扩展的力量或技能迁移的价值……人们看钟是为了查明时间,而不是去查看一下四点钟在钟面上标记的符号是Ⅲ或Ⅳ,如果观察注意于那些毫不相干的细节,反而是浪费时间。"②

观察能力是需要学习、锻炼、培养的。

(二) 观察表达力引导

1. 积极开发学生主动学习观察表达的实践平台

开发学习观察表达的平台,意味着把不经意之间就溜走了的时间空间变成自然学习实践观察表达的平台。基于整合性策略思想,老师们增强了整合开发教育资源的意识,搭建舞台,加强指导,以提高学生观察表达能力。学生观察表达能力的培养不只局限于语文学科,不只局限于语文课堂。各科教学、学校活动、班级活动、主题班会等都是培养学生观察表达能力的平台。所有老师都是学生观察表达的指导老师。生活中有很多需要观察的事物,引导观察、培养表达能力,是一举几

---

① 〔美〕J.杜威.我们如何思维[M].伍中友,译.北京:新华出版社,2010:159—160.
② 〔美〕J.杜威.我们如何思维[M].伍中友,译.北京:新华出版社,2010:158.

得的事情。比如,整个入学阶段就是学生观察表达能力培养阶段。充分利用这个资源,使学生从入学第一天起就拓宽观察视野,进行表达实践。比如,观察春天活动中,语文、绘画、音乐等多门学科整合,多位学科教师齐心协力,产生的教育效应就远远大于语文单科教学的效应。(详见实录)

2. 根据潜能引导不同水平认知加工的观察表达

幼儿园阶段,主要采取看图说话方式进行素描式的观察表达。只能同时观察较少的信息,产生简单的联想和简短的句子。随着经验和知识的积累以及能力的发展,观察表达的要求也随之变化。到了小学阶段,认知加工和语言表达需要发展了,智慧挑战的需要也发展了。再用看图说话的方式训练观察表达不利于提升小学生的能力,也很难引起他们的兴趣。实验研究中我们建议:小学低年级开始以日常生活中的现场观察说话为主要训练方式,因为现实场景观察挑战更大,更能引起他们的兴趣、提升他们的能力。自然界、公园里、家庭生活中、校园里、社区街道都可能成为观察表达学习的重要场合。花草树木、小动物、家人、朋友、同学、老师都是观察的对象,从观察熟悉的、感兴趣的,看得见、摸得着的事物做起,使学生有话可说、有感觉想说,说出来有真实情感。比如,观察春天,在自然环境下观察要比让学生在教室里看图片或屏幕好得多,感官会全方位投入。在春的怀抱里,孩子们心情会特别放松,视野更开阔,感受更强烈。尤其是,不通过摄影摄像的加工,最直接地接触事物,对想象和思维的挑战更大,思维、想象和语言学习锻炼的程度也更大。

现场观察为主不排除视像观察。在观察春天活动中,老师采用了现场观察和视像观察结合的教学方式,收到很好的效果。比如,学生在校园里整体观察了春天的花草树木、讲述自己的感受后,用视像重点展现小草的静态和动态,让学生集中注意,在老师指导下,在同伴交流中,学习观察方法,学习用准确、生动的语言讲述观察所得。现场观察和视像观察相结合,开拓了观察途径,拓展了潜能。(详见"观察春天"教学实录)

观察表达有以下几个层次:素描式、想象式、推理式。素描式观察表达要求学生像绘画素描那样描述自己观察到的现象。这种观察相对客观,主观的创造相对少,认知加工的要求低一些。想象式观察表达要求学生结合经验,产生超越观察对象的感受和想法。这比素描式有更丰富的感受和表达,这种观察适合于好奇心强的低年级学生,不过需要掌握相关的一些知识和语言,特别是阅读相关的童话和诗歌,否则没有相应的积累,没办法产生联想和想象的加工,很难产生进一步的语言表达。推理性的观察表达主要体现在对人和事情发展的结果的预测,这需要对人的了解和掌握一定的科学知识。因为知识的局限,小学生的推理性表达主要体现在根据具体情境中的人物的表情和言行,推断心理状态。一年级学生的这类观察表达与日常的交往经验密切相关,观察表达活动提供给学生交流的平台,可以帮助学生学会察言观色,学会了解别人和关心别人。

开始时观察表达教学可以采取静态素描的方式,随着能力提高而提高要求。素描式观察一般选择学生熟悉的静物,如文具、玩具、花草树木、静态动物和人物等,让学生仔细观察并如实描述。一年级学生正处于良好习惯养成期,处于观察表达能力培养初级阶段,静态物件便于学生反复、仔细观察,便于学生边观察边讲述,边与同伴议论,从而把物件看清楚,说明白,培养学生认真仔细观察的习惯和如实、清楚表达的基本功。如在实验研究中,温馨小学一年级班会课上"观察书包"课,学生们先各自从正面—背面、上面—下面、里面—外面的顺序观察书包的颜色、花样、形状,边看边说。然后交流,在组内和全班夸夸自己的小书包。学生们非常兴奋地交流描述,角度各不相同,内容相当丰富。有的从整体角度介绍:"我的书包是蓝色的,上面有两根背带,书包前面有一个小熊图案,两边有两个小口袋,可以放茶杯玩具,书包里面可以放书、本子、文具盒。我爱我的小书包。"有的重点讲述书包上的图案,男孩子说书包上有个孙悟空三打白骨精,女孩子说书包上有个漂亮的跳舞娃娃。孩子们把书包看个够,也说个透。静态的素描式观察表达并不排除观察过程中学生的联想和想象,但是想象、联想应该是自然的、合乎情理的。比如,观察书包时学生自然地联想到和爸爸妈妈买书包时的情景、发生的趣事,想到了自己的愿望、自己的责任,表示要努力学习。一只小小的书包,引出许多话题,锻炼了孩子的能力,也表达出了孩子的真情实感。

日常事物中存在着很多可以探索的东西,只要观察的任务适合于他们的潜能,观察过程就可以引起一定程度的联想和思考。观察是观察者主动的活动,有了观察者的主动,才能去认识尚不清楚的事情。因此,这需要引导学生有意识地在生活中观察和表达所见所想。探究是儿童的天性,探索性的任务容易激起学生观察的兴趣,用探索性的问题提出观察要求容易激活观察的意向。让学生去查看"怎么样"、去发现"为什么"。让学生带着问题去寻找、去解释、去发现,并要求把观察的结果、感受、思考与同伴交流,用语言表达出来。问题成为观察的目标,问题难度不同,观察中认知加工水平不同。比较浅显的观察表达涉及对环境现实状况的知觉感触,比较深刻的涉及对现实背后问题的思考体验。需要根据学生的潜能,提出特定问题引导观察。带着问题去探索观察有助于引导观察中的认知加工和语言整理。比如,新生入学时认识校园,可以要求学生看看校门口的情境,老师和高年级哥哥姐姐是怎样欢迎新生的;看看学校操场,操场上有什么,学生们在干什么;看看哪里是办公楼,老师们在办公室里做什么;看看班上有多少小朋友,认识了哪几个,他们叫什么,长啥样。即使是比较高深的知识教学,也可采取直观的观察教学,提出探索性观察的要求,引导学生主动寻找信息、捕捉信息,观察过程产生的感受和想象,可以让学生体会到其中的道理和意义。比如,观察天安门升旗仪式,要求学生去发现:天安门广场升旗仪式时解放军叔叔有哪些动作?他们的神态是怎样的?你看起来有什么感觉?升旗手的表情是怎样的,有什么共同的特点?他们可能在想什么?这样的观察指导会引导学生体验国旗和升旗仪式的象征意义,从而表达爱国的情感。

3. 遵循合适的条理,精心设计引导

如果只是要求学生"仔细观察",但学生不懂得如何投入观察,"仔细观察"的指令就形同虚设。曾经有这样一个传说,一位青年想拜一位智者为师,智者要考察这位青年,扔给了青年一条鱼,要求他观察指出鱼不同于其他动物的一个不明显的特征。这位青年拿着鱼端详了一会,没有找到。尽管有点沮丧,他如实报告了智者,并且向智者求教。智者笑眯眯地对青年说,你要有顺序地看,从头看到尾,或从尾看到头。青年人听了智者的话,按照顺序查看了两遍,发现了这个不显眼的特征:鱼没有眼皮。可见,如果没有条理,很难观察到细致的信息。当观察有条理时,思维和表达也会顺着一定的条理展开。所以,引导观察需要注意条理性指导。

观察表达指导注意条理性。思维的条理性是重要的思维品质,学生从小接受思维条理性培养将终身受用。观察表达是培养低年级学生思维条理性的重要举措,因为观察有条理性,表达思维也会顺着观察的顺序展开。观察条理即观察次序。选择观察次序首先要明白观察对象的标志性特征。明白观察对象的基本结构。例如,书包的主要结构有背带、大小不等的口袋,还有用来美化的色彩、图案等。花草树木的主要结构有根、茎、叶,还可能有花、味等。动物有头、身体、四肢、毛等。观察时可采用素描和想象结合的观察表达法。即既要按一定的次序把对象特征讲清楚,如从上到下,从左到右,从外到内,从内到外等;也可以结合自己的感受进行想象、推理、创造,如把小草摆动想象成小女孩在跳舞,把落在水面上的树叶想象成小船。但是教学中要避免"条理"的机械、刻板,如凡观察植物只能是"从上到下",观察动物只能是"从头到尾"。学生可以根据自己的兴趣、感受选择观察的起点和走向,如有的学生被植物的花深深地吸引了,就可以从观察花开始,从局部到整体;有的学生先关注整个植物再重点观察花和叶,从整体到部分。面对同一类观察对象,虽然会因学生感受不同,观察角度多元,但是把握住了该类对象的标志性特征、基本结构就既利于学生形成认知结构、基本表达结构,又确保学生思维、语言不被僵化。

4. 观察表达需要语言的输入积累和实践

表达需要有语言的输入积累,输入积累一般通过两个渠道,即生活经验积累和阅读输入积累。比如,在课内外阅读中阅读国旗的知识和故事,知晓了国旗的含义,在主题班会上讲革命故事,朗诵激情澎湃的诗歌,在升旗仪式中感受庄严神圣,从而产生热爱国旗、热爱国家的情感。整个过程就是学生输入积累的过程,是丰富知识、实践语言、接受精神熏陶的过程。输入积累必然内涵着儿童大量的观察实践、言语实践,只知道观察表达的理性知识,没有学生观察表达的实践是不能形成能力的。广泛、大量地阅读、了解相关的语言风格,在儿歌童话学习中接触想象和思维的方式。没有这样的知识经验,观察过程很难产生加工和创造。难以产生合适的表达,观察也不容易展开。

观察表达指导要与阅读教学结合。语文教材是基本的阅读材料。充分运用教材能为学生提供丰富的观察表达素材,提供观察表达思路和方法指导,积累语言材料,激发观察表达兴趣。一年级学生虽然认字不多,阅读能力弱,但是仍然需要而且能够大量阅读课外书籍。补充儿歌童谣是一种方式。儿歌童谣因为内容、形式独特,适合一年级学生诵读和表演,受到儿童欢迎。童话、故事同样受到儿童欢迎,尤其是童话。童话与儿歌不同,主要运用叙述语言讲述故事,故事中有时间、地点、人物交代,有情节起因、经过、结果变化。其中,拟人化手法、明确的主题、奇特的想象、生动简洁的语言更是儿童所爱。一年级学生阅读童话故事有多元价值,对学习叙述语言更有独特作用,叙述语言是最常用、最基本的表达、交流方式。通过阅读童话、讲童话故事,帮助儿童将书面语言转化为内部语言,学习用叙述语言讲述生活中常见的人物、事件、情景,讲述自己内心的体验和感受,进行人际交往。但是,一年级学生毕竟认字少,识字能力弱,独立阅读水平低,老师推荐和指导课外阅读有特殊要求:

首先,推荐的读物要以全拼音或拼音夹汉字方式书写的图文并茂、篇幅短小的童话、故事为主。这样,利于儿童自己阅读,了解故事内容,提高阅读兴趣,还能在阅读过程中复习巩固已学拼音和汉字,学习新汉字,大量增加二会字。

其次,老师必须对一年级学生课外阅读做课内精心指导。顾名思义,课外阅读是课堂外学生的阅读,但是,一年级学生阅读课外书,往往快速翻看,只看色彩鲜艳或构图独特的个别画面,不读文字、不求理解,一是因为文字障碍多,读不通;二是因为不明白阅读的基本要求、方法。慢慢地,养成了阅读不求理解的不良习惯,阅读的兴趣也随之消失,阅读能力无法形成。面对这样的现象,有的老师感到无能为力,因为教材也来不及教,更舍不得用有限的课堂时间指导阅读教材外读物。有的老师则采用越俎代庖法,学生不会读,老师代替学生读,学生不懂内容,老师讲给学生听,或者让少数学生代替。这种越俎代庖现象在近期的绘本阅读中时有出现。即,老师把绘本内容复制到视频上,上课时,学生看着视频,老师根据自己的设计一页页转换画面,或自己讲述或提出问题指名个别学生朗读、回答,大多数学生听,或者配合做点集体朗读。其实,学生阅读课外书,不只是了解故事内容,还有培养阅读兴趣、阅读能力、阅读习惯等功能。而所有这些,必须从小培养,培养的基本原则是学生自己的阅读实践加教师的精心指导。下面是一年级课外阅读课内指导的基本经验:

读本内容以接近一年级学生认知水平、生活实际的童话故事为主。

人手一本,保证每个学生都能静心、自主地独立阅读与思考。因为学生间阅读能力、水平有差异,每个学生都是独立的个体,都需要发展阅读、思考能力。

开始阶段阅读指导必须课内进行,落实到每个学生身上。基本教学过程如下:

(1) 让学生先自由朗读文本(根据文本长短选择朗读段落或全文;根据学生能力水平决定朗读遍数,以基本读通为准),然后检查(老师检查、同桌互读)。根据朗读情况指导长句、难句朗读。适当指导认读关键生字,读准字音。

(2) 采用多种形式指导文本理解。例如,学生讲故事、表演故事、根据故事绘图、朗读比赛、问题讨论、观看与故事内容有关的视频、举办与故事内容有关的班活动等,做到形式多样、活泼生动,激发学生阅读课外书的兴趣。

(3) 渗透阅读方法指导、阅读习惯培养。例如,读文和看图结合,不要只看图不读文;要依次一页一页读,不要随意乱翻;边朗读边记忆故事内容,还可以提出不懂的问题和同学讨论等(详见绘本阅读指导"我爱妈妈"教学实录)。

四、一年级教学氛围的营造

教师们都会意识到教学氛围的存在和作用。教学氛围非常重要,它决定了学生是否可以投入教学活动,以及多大程度上感受教学活动意义和掌握教学内容。教学氛围是一种心理感受,是在场所有人共鸣的心理感受,是所有人的注意力、对话和体验的和谐交汇。教学氛围像一支交响曲,由整体性的活动和一些细节处理烘托而成。

低年级课堂教学需要采取活动性强的教学形式来营造课堂氛围。由于知识经验和语言能力的局限,一年级学生不容易专注于倾听和思考,很难通过教师的言语教学投入课堂学习。具体探索目标的观察要求容易激起学生兴趣,引导学生投入观察活动。儿歌诵读、歌唱和舞蹈是低年级儿童力所能及的,身体的节律性活动令他们感兴趣,身体的活动本身具有产生情绪反应的主要环节,可以增强课堂学习活动的体验,因此是低年级学生整合性教学最常用的教学形式。组合使用这些教学活动是一年级最适宜的整合性教学方式。

一年级的课堂往往通过有趣的活动组合起来。然而,由于知识经验和学习能力的局限,低年级学生学习过程的工作记忆广度窄,他们往往沉浸在学习活动中,不会意识到教学的内容。当教学活动没有连贯感时,他们的注意力会不断跳进跳出——动起来了投入进去,动作停了就注意力分散,这样的状态容易使教学过程碎片化。人的感知和思维建立于整体结构的把握上。沉浸在每一片刻,缺乏连贯性不能感受整体结构,就难以对学习活动的内容形成印象,就不能理解整个教学活动蕴含的知识和意义,从而难以在活动中学习。所以,教师要在教学活动过程中意识到学生注意力的起伏,引导学生通过活动感受教学内容,而不仅仅是活动。让学生把每一个片段的活动连贯起来,像听一个完整的故事或参与一场表演似地感受和思考。

教学过程中,各个环节活动形式和学生参与方式的选择、儿歌内容和观察要求构成教学的主旋律;教学环节各部分的排列,构成交响曲的一个个乐章。整个流程不断递进,最后需要形成高潮。伴奏音乐的旋律和节奏,都烘托着氛围。

五、案例与点评

"观察春天"教学实录

上海市闵行区文馨小学一年级　执教教师:陈晓文

课前热身　集体背诵诗歌《春天在哪里》

春天在哪里? 春天在枝头上:春天的风微微吹动,柳条儿跳舞,桃花儿脸红。

春天在哪里? 春天在草地上:春天的雾轻轻细细,草儿醒过来,换上了新衣。

春天在哪里? 春天在竹林里:春天的雨飘飘洒洒,竹笋从地下探出头来啦。

春天在哪里? 春天在田野里:春天的太阳那么暖,那么亮,麦青,菜花黄,蚕豆花儿香。

教学过程

一、观察表达指导——小草

（一）观察静态——素描式表达

（老师出示PPT，指着PPT中的小草）

T：我们首先看一看，这是什么？

S（齐）：小草。

T：你们发现这些小草跟冬天的时候有什么不一样吗？

S：冬天的小草枯萎了，春天又长出来了。

T：好，再看看它的颜色呢？

S：小草是淡青的。

T：哦，淡淡的一种绿色吧。好的。再仔细看看刚长出的小草上面的颜色和下面的颜色有什么不一样？

S：上面是黄的，下面是绿的。

T：是不是？

S（齐）：是。

T：哦，看得特别仔细。好，后来，小草慢慢长大了。（出示PPT：一群簇拥长大的小草）看看，这里的小草和刚刚看到的小草又有什么不同？

S：下面绿的颜色变得深一点了。

S：上面黄的颜色淡了。

T：哦，上面原来是枯黄色，现在变成——

S（齐）：绿色。

T：好，春天来了，小草叶子的颜色变了，变得绿了。

（二）观察动态——想象式表达

T：我们再看一看，一阵风吹来，小草在干什么？

S：一阵风吹来，小草好像在跳舞。

T：真厉害，掌声送给他。

S（整齐地拍手，朝着发言的同学竖大拇指）：棒，棒，你真棒！

T：这位同学为第三组争取到一颗智慧星。(在黑板上贴红星)

【评：这位学生根据小草摇摆的样子想象小草在跳舞,生动有趣,确实应该表扬。但是,仅仅鼓掌不够,不能产生引导作用。一年级小学生不一定都能理解具体表扬什么,不会明白自己也可以学着做,发言的学生自己也未必清楚意识到。课堂出现优质资源时,要开发其教学功能。这恰恰是教师的教学契机,这需要通过具体说明,帮助发言学生把下意识的感触明朗化,提升他们潜在的想象表达能力,从而也给了大家模仿和可创造的学习机会。

可以现场推出以下的对话：

T：好,你能告诉大家,你为什么说小草像在跳舞吗?

S：一阵风吹来,小草摇来摇去的样子好像跳舞的样子。

T：很好,根据小草摇摆的动作进行想象。把小草摇来摇去的样子比喻成一个小朋友在跳舞,大家看,像不像啊?

S(齐)：像。

T：同学们可以学习他,根据小草的动作、样子、颜色等进行想象。】

T：同学们看,一阵风吹来,小草在干什么?还有哪位同学能为小组争取到红星?

S：风吹来,小草在玩儿。

S：一阵风吹来,小草好像在和我们挥手。

(老师和学生做挥手动作)(学生鼓掌,老师在黑板上贴红星)

S：一阵风吹来,小草好像在弯腰。

S：一阵风吹来,小草好像在和我们打招呼。

(老师和学生做打招呼动作,老师在黑板上贴红星)

S：一阵风吹来,小草好像在和我们点头。

S：一阵风吹来,小草在跟我们念一首诗《风》

T：你能念给我们听听吗?

S：解落三秋叶,能开二月花,过江千尺浪,入竹万竿斜。

T：掌声送给他。(学生鼓掌："棒! 棒! 你真棒!")

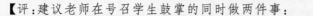

【评:建议老师在号召学生鼓掌的同时做两件事:

1. 表扬这位学生能从风吹小草联想到古诗《风》,并能背诵出来。因为有积累,所以他想象富有创意。

2. 这是一个现场生成的优质资源,可惜老师没有利用,学生们也不知道鼓掌的真正原因。应该再读一遍这首诗,和学生们一起诵读或背诵此诗。让大家猜猜这首诗说的是什么。当场或者之后,让学生知道这是一首谜题诗。诗的名字就是谜底。作者唐代李峤,诗中写到风能吹落晚秋的树叶,能使花儿早春开放,吹过江面能掀起千尺浪花,吹过竹林,能把万竿竹子吹歪,说明风的力量之大。】

……

T:上星期下了小雨,我们看看雨点在小草上好像干什么?(出示PPT:一棵雨中小草,叶面上有许多水珠)

【评:这是一幅生动丰富的画,可以进一步打开学生想象空间】

S:下过雨,水珠在小草上玩滑滑梯。

T:你上来指给大家看一看,你觉得哪滴水珠好像在玩滑滑梯?

(学生指出其中一滴水珠)

T:像不像呀?

S(齐):像。

T:掌声送给他。(鼓掌)

S:水珠好像在草上荡秋千。

T:你也来指给大家看一看,好吗?(学生指,全体鼓掌)

S:水珠在小草上,好像给小草戴了一顶帽子。

T:一顶——

S:圆圆的、透明的帽子。

……

T:同学们能根据水珠在草叶上的样子想象他们的活动,把静静地停留在草叶上的水珠想象成活泼的小朋友,有的荡秋千,有的滑滑梯,真了不起。

正因为有了小雨,花草树木生长得更好。下面我们一起唱一首《小雨沙沙》:

(师生边做动作边唱)

【评:课上到这儿,建议老师带领学生做一个阶段小结,回顾提炼观察过程、观察角度和观察注意事项。观察要认真细致,可以观察描述静态小草,可以联想环境里的东西,如风、雨,来想象动态小草;可以素描式讲述,也可以想象和融入自己的情感,使小草栩栩如生、活泼可爱。阶段小结的目的在启发引导学生形成观察表达的结构意识,提高观察效果。】

二、观察表达指导——玉兰花

T:上课前同学们跟老师一起去看过玉兰花苞,它们是什么样子?

S:刚长出来的花苞像豆子。

S:刚长出来的花苞像一个小船。

S:刚长出来的芽孢像花生。

S:刚长出来的芽孢像一个小辣椒。

T:哦,形状有点像,是不是?

S:刚长出来的芽孢像蚕宝宝吐丝。它要给自己造一个房子。

T:你养过蚕宝宝吗?

S:养过,在幼儿园中班的时候。

T:蚕宝宝吐丝把自己怎么样?

S:包起来。

T:像个小房子,把自己包在里面。

T(出示PPT:紫玉兰花苞):你们看到这个紫玉兰花苞想说什么?

S:我想说,紫玉兰长得像辣椒。

T:这个时候真的有点像。再仔细看看,它外面还有什么?

S:我觉得紫玉兰好像是从厚厚的衣服里钻出来的。

T:你觉得那(指花苞外层)像厚厚的衣服,掌声送给他。(学生鼓掌)

S:我觉得有点像一个钻。

T:哦,像一个工具,上面尖尖的。

……

T：外面像厚厚的衣服，是什么颜色？

S：绿色。

S：褐色。

T：是褐色的。上次观察的时候，有同学用手摸了一下，有什么感觉？

S：我摸过它的肚子，有点痒。

T：为什么有点痒？上面有什么？

S：上面有毛。

T：对，把掌声送给他。（学生鼓掌）

T（继续放PPT：绽开一点的紫玉兰）：紫玉兰开了一点儿了，你觉得有点像什么？

S：有点像小孩子在笑。

S：像小孩子露出了笑脸。

T：一个圆圆的笑脸。（出示PPT：盛开的紫玉兰）你们发现有什么变化？

S：头是白的，根是紫的。

S：花瓣上面是白的，下面是紫的。

T：对，花瓣的上面是白的，下面是紫的。现在请同学们再仔细看看下面的画面。（连续播放PPT：紫玉兰花瓣掉在地上；紫玉兰花瓣掉在水里；小女孩捡起地上的花瓣；小女孩坐在花瓣里）

T：这里有几个画面，同学们看看说说，花瓣掉在哪里？谁把它当做什么？先在小组里说，然后我请小朋友在全班说。

（学生在小组里说，老师巡视指导）

T：现在请小朋友在全班交流交流。

S：紫玉兰掉在地上，小朋友把它当地毯。

T：你从哪一张看出小朋友把它当地毯的？

S：第4张。

T：大家看，像不像？

S：像！

T：掌声送给他。（学生鼓掌）

S：我觉得，花瓣掉在水里好像一只小船。

T：谁觉得像一只小船？

S：小蚂蚁。

T：像吗？

S：像。

S：紫玉兰花瓣掉在地上，好像一层厚厚的霜。

T：许多花瓣掉在地上，远远望去，是有点像厚厚的霜。

S：花瓣掉在水里，变成一艘轮船。蚂蚁把它当成一艘船。

S：我看第二幅图，花瓣像个勺子。

T：谁把它当勺子啦？

S：蚂蚁。

T：哦，蚂蚁的嘴够大的了（笑）。

S：我觉得，紫玉兰的花瓣掉在地上，蚂蚁把它当做一个小床。

S：紫玉兰的花瓣掉在水里，鱼儿把它当做帽子。

S：紫玉兰的花瓣掉在地上，小宝宝把它当做地毯。

S：紫玉兰的花瓣掉在地上，蚂蚁把它当做雨伞，用来挡雨。

T：是没有伞柄的雨伞。

S：我觉得紫玉兰的花瓣掉在地上，蚂蚁把它当做摇篮。

S：紫玉兰的花瓣掉在地上，蚂蚁把它当做游泳池。

T：说不定刚下过雨，里面有一点点水，正好当游泳池。

……

T：好，还有很多想法，同桌两个人再小声交流一下。

（学生同桌交流）

【评：这里，老师临场决策"同桌交流"很好！因为当时学生们思维打开、活跃想象，表达欲望很高。在学生欲罢不能的情况下，老师给了同桌交流的机会，满足了学生表达的欲望，也让所有学生多一次表达的实践。】

三、教学拓展——猜谜语

T：下课时间快到了，如果还有同学有新的想法，下课以后来跟老师说或者和同学交流。下面老师出几个谜语给大家猜猜，要不要？

S：要！（出示PPT）

身穿黑锻袍，尾巴像剪刀，冬天去南方，春天又来到。

天上一只鸟，用线栓得牢，不怕大风吹，就怕细雨飘。

小姑娘，志气大，江南塞北都安家，湖水替他照镜子，春风帮她梳头发。

……

（下课）

【评：1. 这是一节充满活力的观察表达指导课。课堂上学生不仅情绪非常高，争相发言，而且思维活跃，观察角度多元、想象力丰富，有说不完的话。这些语文基础薄弱的一年级学生能够达到这么积极观察表达的状态，能够现场产生如此生动有趣的表达，与前期的丰富输入、多次观察实践和多学科结合的表达练习密切相关。陈老师为了使学生对春天有深入的了解、真切的感受，并学习观察与表达，整合了多种资源，开展了"观察春天系列活动"。（见表1）

表1 《找春天》系列教学计划表

活动内容	组织形式	指导重点	目的意图
生活观察输入积累	小组为单位观察校园春天，讲述观察所得和感受。建议家长带孩子到大自然中感受春天，用相机记录春天。	观察前，指导观察注意事项。观察中指导运用多种感官多角度观察（看、摸、闻），仔细观察。	亲身感受春天的美好。学习基本观察方法、表达方法。
阅读输入积累	课内阅读——上阅读教学课。 课外阅读——学生自主收集有关春天的诗歌、短文、语句，阅读交流。	教学有关春天的课文："春天在哪里""春雨沙沙""一粒种子""绿""大自然的语言""小蝌蚪找妈妈""春晓"等。 老师推荐并指导阅读有关春天的读物，利用课外阅读课进行朗读比赛，儿歌、童话表演。	了解文本是如何运用儿歌、童话描述春天、歌颂春天的。 学习语言，练习准确、流利、有感情地朗读，诵读并背诵儿歌。在阅读、表演过程中培养合作意识，学习合作。

(续表)

活动内容	组织形式	指导重点	目的意图
学科整合拓展输入积累	上音乐课。 上美术课。	教唱有关春天的歌曲。 指导设计描绘春的画片。	用音乐旋律、节奏增强学生对春的感受，表达对春的情感。 用色彩、画笔描绘春天。
学生整体呈现收获	开"赞颂春天"主题班会——学生用多种形式（诵读儿歌、表演歌舞、演奏口琴、展示照片和画片等）赞颂春天。	指导学生以小组为单位，准备展示内容。	以自己喜爱的形式表达对春的热爱之情。 在活动过程中练习表达、学习合作。

低年级学生尤其是来自务工家庭的学生，生活阅历浅、自主学习能力弱，文馨学校老师综合运用多种资源为他们搭建了观察表达实践平台。学生不仅积累了大量有关春天的知识，学到了观察表达的技巧，还锻炼了胆量，做到有话可说、能说、乐说，并在此基础上培养学生说得好。"说得好"的标准随年级升高有层级区分。高年级学生需要条理清晰、有理有据地用一段话，把自己的观点阐述明白。低年级学生只要求准确、清晰地说几句话。但是，要指导低年级学生准确、清晰地说一两句话或几句话，对老师也是挑战，尤其在学生积极性充分调动、发言非常踊跃的情况下，老师往往出现"招架不住"的现象。此时，很容易忽视学生表达的准确性，连自己说话也可能缺少逻辑、用词不当。这是教师需要注意的，教师语言的准确性、逻辑性是学生学习的榜样。

2. 这节课设计的教学过程很有层次，具有内在逻辑地推进。观察内容由易而难层层推进、逐步复杂，从观察一棵小草到一群小草，从观察草到观察花，从观察静态到观察动态。对学生的表达要求也逐步提高，从素描式表达到想象式表达，从客观讲述到富有情感的描述、展开想象；从说一句话到说几句话，把画面说丰富、说生动。逻辑的清晰源于教师对学生认知水平的关注，来源于清晰的培养目标。教学过程符合逻辑推进，这本身就是示范，使学生在学习观察表达的序列提升中受到潜移默化的影响。如果教师在教学过程中，能适当归纳小结、引起学生有意注意，教学效果会更好了。】

绘本阅读指导《我爱妈妈》教学实录

常州花园第二小学　执教教师：程　钰

（选自吴玉如.中小学生语文能力培养与实践[M].福州：福建教育出版社，2014:336）

【评：绘本是一种独立的图书形式，与我国惯用的低幼读物相比，它的特点是：以图为主，兼有少量的文字，强调图文的内在联系，共同担当讲故事的角色。图讲究技巧、风格，注重构图、色彩。特写、细节构图夸张，符合儿童形象思维特点，用图画语言引起儿童阅读兴趣。图不仅能起到辅助和诠释文字的作用，更能全面带动、帮助孩子构建精神、培养多元智能。文字少，精炼、风趣、活泼，突出重点词句、对话，符合儿童语言特点、语言习惯。重儿童自己组织语言，有利于学生打开想象、推测、创造。内容、题材开放，富有童趣等。

基于以上特点，当前绘本阅读普遍受到学校、家庭重视，受到儿童欢迎。阅读绘本能给学生带来许多发展空间，如激发阅读兴趣，激发思考，拓展视野，提供较多运用语言、组织语言的机会等。但是，由于受我国习惯性语文教学观念影响，绘本阅读教学中（尤其低年级教学）常常看到这样的现象：全班学生看着大屏幕，在老师带领下，以少数学生为主体很快翻看页面讲故事。结果造成以下现象：

1. 迅速翻页，追求大概情节，少思考、想象、欣赏、拓展；

2. 关注生动、色彩鲜艳的图画，少关注文字阅读；

3. 更多关注局部特写，少关注整体。

学生读完绘本除了感到好玩，知道故事大概，并无多大收获，绘本被读浅了，读瘦了。

因此，如何指导学生阅读绘本，值得思考与研究。

绘本阅读属课外阅读，基本阅读方式有独立阅读和同伴、亲人共读。基本阅读过程可分初读、再读。初读即从读绘本封面到读全本，了解、讲述基本内容、情节。再读即深读重点部分、感兴趣的部分，仔细观察有特色的图形，结合讲述、描写、想象、表演，联系学生实际，思考故事的启发等。绘本阅读教学基本课型主要是课外阅读课内指导课，即学生课前独立阅读，课堂交流、老师指导。

常州花园第二小学老师对绘本阅读教学作了较深入的研究,从《我爱妈妈》阅读指导课中会感受到他们对绘本阅读的思考。】

教学目标

1. 指导学生阅读绘本的方法,了解故事内容。培养学生对阅读的兴趣,进行完整有序的说话训练。

2. 通过同桌分享、集体交流等形式,进一步培养学生认真倾听、大胆发言、相互补充等良好听说习惯。

3. 感受小动物和他们的妈妈之间的爱,并能联系自己的生活,通过句式练说、拓展练写等方式,描写母亲和他人对自己的爱。

教学过程

常规积累:小游戏"考一考"

一、开放式导入——整体感知

T:昨天,每位小朋友都拿到了一本新的绘本书,谁来读读这本书的名字啊?

【评:

1. 学校图书馆为各年级配置了几套可供班级阅读指导的绘本,用于指导的绘本学生人手一册,保证学生独立阅读的需要。

2. 学生课前能独立地、自由地阅读绘本,不仅能培养学生阅读课外书的习惯,课堂上还能有较充分的时间交流阅读感受,提高阅读效率。】

S:我爱我妈妈。

T:读得真好,声音特别响亮。

S:我爱我妈妈。

T:喜欢你边读边笑眯眯的样子。我们一块儿读。

S:我爱我妈妈。(老师板书:我爱我妈妈)

T:喜欢这本书吗?

S:喜欢!

T:看绘本时有没有仔仔细细地看啊?

S:有。

T:那读了这本书,和以前的绘本相比,你觉得有什么不一样吗?

S:里面有许多小动物。

S:以前里面有一两个小动物,这里有10个小动物。

T:还记得有哪些小动物吗?

S:有袋鼠和狮子。

S:有河马,有老鼠,有长颈鹿。

S:书里有小登羚羊和小象。

S:有小熊和小鸟和鲸。

T:"和"用在最后两个相连的地方,应该是有小熊、小鸟和鲸。

T:(出示扉页的10个小动物)你看到哪些小动物啊?

(学生自由说)

T:小朋友们把这些小动物都记住了,他们很高兴,也来我们的课堂和小朋友们一起上课啦!

T:除了书中有很多小动物以外,还有什么和以前不一样啊?

S:这个故事没有结尾。

T:是不是啊?让我们翻到最后看一看。

(学生翻书)

T:最后书中写了什么啊?

S:因为……

T:后面是什么符号啊?

S:省略号。

T:省略号说明故事没有完。原来这个故事真的没有结尾呢。真神奇!

S:书的扉页上有标签。

T:我们翻到扉页看看。这有个特别的标签。写了什么?

S:常州市花园二小。

T:是啊,这可是我们学校为小朋友准备的,是我们图书馆里的绘本。小朋友,以前我们读的书有的是我们自己的,有的是网上下载的,这是我们图书馆里的。那我们在读的时候要注意些什么呢?

S:我们读的时候不能在书上弄上手印。

S:我们不能在书上弄上米粒。

S:我们不能把书角弄卷了。

S:我们不能把书页弄下来。

T:是的,我们要爱护书,让更多的小朋友也能阅读它。

【评:教学第一环节老师主要关注两个内容:

1. 整体了解学生预习情况。如有无仔细阅读,有什么新发现,并让学生有感情地朗读书名。

2. 启发学生自我教育——爱护书籍。以此渗透良好学习、生活习惯的培养。】

二、范例阅读指导——学习阅读方法:看图、学文、说原因

T:书里有10个小动物,你最喜欢哪一个?

S:我最喜欢小狮子。

S:我最喜欢小象。

S:我最喜欢小老鼠。

S:我最喜欢小马。

……

T:小朋友们喜欢的都不一样。那么,大声地把你们喜欢的说出来。

(学生自由说)

T:这时候,万兽之王来啦。它说,小朋友们,你们能不能先和我做朋友啊?

S:能!

T:我们先来看看小狮子的故事吧。(出示PPT)小朋友仔细看看画面,你看到了什么?

S:我看到了小狮子妈妈和小狮子。小狮子趴在狮子妈妈的背上。

S:我看到了一只小犀牛。

T:在哪儿呢?哦,在角落里。你观察得真仔细!

S:我看到了黄黄的大狮子,还有一只黄黄的狮子宝宝。

T:哦,一个大一个小。

S:我看到了黄黄的大狮子和黄黄的狮子宝宝在玩。一只犀牛来了,被狮子妈妈吓跑了。角落里的一只变色龙也被狮子妈妈吓跑了。(学生们纠正:蜥蜴)

T:是呀,犀牛和蜥蜴都被狮子妈妈吓跑了。让我们来听听小狮子是怎么说的,先自己读一读。

(出示PPT,学生自己练习)

S:我来读一读。

S:我来读一读。

T:你读出了小狮子的高兴。

S:我来读一读。(老师给该学生戴头饰)

T:这真是个神奇的头饰。戴上它,你真的就把自己当成了神气的小狮子。

T:还有谁想读吗?(学生纷纷举手)那么多小狮子,我们一起来读吧。

S:(齐读)

T:狮子妈妈把犀牛吓跑了,小狮子高兴地说:"我爱我妈妈。"如果你就是小狮子,说说你为什么爱你的妈妈啊?

S:因为妈妈会保护我。(老师板书:保护)

S:因为我觉得妈妈很厉害。

S:因为我被其他动物欺负了,妈妈会大声说"嗷呜"把别的动物就吓跑了,我就不怕了。

S:妈妈能让我感到安全,所以我爱妈妈。

T:小朋友们,刚刚我们一起学习了小狮子和妈妈之间的故事。想一想,回忆一下,刚才我们是怎样学这个故事的?

S:刚才我们先看图再读句子。

T:是的,先看图再读句子。(板书:看画面 读文字)

S:我们还说了小狮子的心情。

T:对,把自己当做小狮子,说说爱妈妈的原因。(板书:原因)

【评:通过阅读方法指导,让学生初步感受阅读方法结构:

1. 阅读文本要做到看、读、说、思相结合。避免低年级学生阅读绘本中常见的只看不读、只看不说、只看不思的现象。

2. 通过一个故事展现阅读过程结构:仔细看图,了解故事基本内容——有感情读文——说原因——联系自己,加深体悟。

3. 教师不仅通过案例教学让学生在实践操作中了解阅读过程结构,还让学生"回忆一下"总结学习过程,使学习过程结构清晰化,为学生以后运用学习过程结构打下扎实的基础。】

三、习得方法——同桌共读、交流、点评、指导

T:这个阅读绘本的好方法你学会了吗?我们现在就来比一比。(出示同桌学习要求)谁来读一读这个要求?

S:要同桌两个人合作。

S:要用上我们学习的方法。

T:那么,同桌合作时要注意什么?

S:两人要分工。

S:两个人可以一起读。

S:两个人可以一个读旁白,一个读小动物的话。

T:那如果两个人在选故事的时候,你想选这个,我想选那个,怎么办?

S:谦让。

T:好吧。就选一个两人都喜欢的,用上刚刚学会的方法学一学吧。

(同桌自学)

T:哪两个小朋友先来和大家说说你们喜欢的小动物的故事啊?

第一组同桌:

S1:我们喜欢的是小邓羚。我看到了一只小邓玲和它的妈妈在跑步。

S2:我来读一读。

S1:我觉得小邓羚的心情是很开心的,它觉得和妈妈在一起是很幸福的。

T：谁来评评他们同桌的表现？

S：我觉得黄××的声音很好听，我来和他比一比。（读）

T：王××肯定了小朋友的优点，还和他比一比，让我们为他的勇气鼓掌。

S：我们觉得他的声音很好听，如果再有感情就更好了。

S：我觉得他们做到了老师的要求，一步一步说得很好。

S：我觉得万××读的时候没有表情。

T：可能你是在他的后面，看不清楚。不过你提醒得很好，我们小朋友在读故事或说故事的时候，要把自己当做小动物，带上表情一定会更好。还有哪个同桌一起来说说啊？

第二组

S1：我们选的是大象。大象妈妈和小象一起玩。小象身上被草缠住了，大象妈妈用鼻子把草拉掉。

S2：我来读。

S3：我来说一说。小象爱他的妈妈是因为和妈妈在一起很幸福，很开心。（老师板书：幸福　开心）

T：你觉得他们同桌合作得怎么样？

S：我来评一评。徐××的声音特别好听，很大方。

S：他们也是按照老师的要求来说的，而且声音很甜美。

T：对呀，因为他把自己当成了小象，觉得和妈妈在一起很开心，很幸福。小象是多么爱他的妈妈呀。

【评：在同伴合作中运用学习方法结构、学习过程结构，并通过学生之间的点评，使结构更清晰。这种半独立的方法既运用于实践，又为学生以后有效地独立自主阅读作了准备。老师没有让方法教学只停留在自己的说教、告知中，而是通过学生反复行为实践、思路梳理来实现。】

四、巩固方法——独立阅读实践

T：刚才小朋友两人合作得真不错。现在老师决定加大难度，一个人选择自己喜爱的，独立完成，行不行？（出示PPT：学生独自选择练习）

T:谁一个人来给大家说说你喜欢的故事?

S:我喜欢的是小老鼠的故事。我看到了老鼠妈妈和小老鼠在一起。天已经晚了,老鼠妈妈把小老鼠抱在怀里。我来读一读。我觉得老鼠宝宝很开心,因为妈妈紧紧地搂着他。

【评:教学层层推进,为学生打下了很好的基础,这位学生能内容完整、思路清晰地讲述独立阅读的收获就不奇怪了。】

T:怎样才是搂啊,谁来做做动作。

S:(做动作)

T:你妈妈有没有搂过你呀?在什么时候?

S:我妈妈在我小时候搂过我。

S:我妈妈在我小时候搂过我,我晚上就不害怕了。

T:有妈妈的陪伴你觉得怎么样?

S:很安全。

T:妈妈搂着你还会怎么样?

S:妈妈会给我唱摇篮曲。

S:妈妈在我难过的时候搂着我,让我觉得很温暖。(板书:温暖)

T:小老鼠也和你们一样,妈妈晚上把他搂着怀里,给他唱唱摇篮曲,可能还会讲几个睡前故事。就让我们做一只开心的小老鼠,一起读读这个故事。

S:(读)

T:刚才我们学习了几个小动物的故事,可是还有几个小动物的故事来不及读了,怎么办呢?

S:我们可以找个时间一个一个地读。

S:我们可以和同桌一起读。

S:还可以和谁一起读呀?

S:我们可以前面人读一个,后面人读一个,轮流读。

T:好的。我们就再找个时间好好读读这个故事。

T:小动物爱他们的妈妈是因为他们的妈妈能——(保护)他们,给他们带来(温暖)、(安全),让小动物们觉得(开心)、(幸福)。

五、联系实际　拓展提升——画画写写　编写自己的绘本

T:小动物有问题问小朋友了。(出示PPT:你们的妈妈也像我们的妈妈一样吗?你为什么爱你的妈妈?因为……请你用这样的句式说一说:我爱我的妈妈,是因为……

(学生自由说)

T:谁来说说为什么爱妈妈?

S:我爱我的妈妈,是因为她把我养大。

S:我爱我的妈妈,是因为她能保护我。

S:我爱我的妈妈,是因为她照顾我。当我生病了,她带我去打针挂盐水。

S:我爱我的妈妈,是因为小时候她给我许多好吃的。

T:是呀,我们爱妈妈的原因很多很多,说也说不完。(板书:……)

T:其实,不仅是我们的妈妈,我们身边还有许多人也给我们很多关心,很多爱护。你还爱谁呢?

S:我爱程老师。

S:我爱爷爷、奶奶。

S:我爱外婆,因为外婆对我很好。

S:我爱人民警察,因为他们会保护我们,给我们带来安全。

S:我爱我的爸爸。

T:是的,很多人都值得我们去爱。下面,老师想请小朋友把自己对他们的爱写下来。不会写的字用拼音代替。

(学生自己写)

T:小朋友们发现了吗,在你们写的旁边有一大块空白,这是用来做什么的呢?把你们写的画下来。如果这样一张一张、一组一组连起来,就像什么了?是不是也像绘本呀?今天我们来学着写写画画我们自己的绘本。另外,别忘了把《我爱我妈妈》这本有趣的绘本和你爱的人一起分享,用上我们学到的方法,讲给他们听听。

（下课）

【评：老师在课堂教学最后做了两个拓展：一个是感悟深度拓展。读一个故事懂得一个道理，启发学生把对妈妈的爱拓展到更多的认识与不认识的人。从小培养学生成为一个具有爱心的人。另一个是学习方法拓展，从读绘本、说绘本到制作自己的绘本。通过制作自己的绘本巩固阅读成果，进一步提高阅读兴趣。这是一节课外阅读课内指导课，老师发挥了教学中的指导作用，学生是阅读中的主体。学生在课堂学习中获得了成长。】

二年级语文整合教学活动主题和案例

一、二年级学生成长潜能和发展引导

二年级学生在掌握学校生活基本规则的情况下，积极地追求符合规则的评价，把自己和同学的表现联系起来进行比较，要求自己在群体里获得优势定位。学习成绩成为二年级学生意识中最具价值的评价。比起一年级，二年级学生目标意识增强了，跟同学比较、求得好评、争取优势等第，这成为明显的评价目标。由于自我意识水平和能力的局限，二年级学生还不大会自觉投入于自我发展的行动，只是满足于具体场合表现的好评，因此也容易形成强烈的外在动机。[①] 成长是潜伏着种种趋势的过程，伴随着成长，问题会不断萌生。在进入二年级学生这样积极追求优势评价的背景下，诚实问题、自私问题、浮躁问题以及歧视同学等相关问题如苗圃中的杂草般探出头来。学生追求好评不是坏事情，但需要引导他们形成健康发展的选择，避免养成不良行为。内在动机、探索兴趣和文明规范行为的健康发展必须从小培养。儿童不懂什么是对他们成长有利的、什么是有害的，全靠师长来引导和培养。让他们本能探索欲望在学习活动中实现和发展，在教学活动中致力培育内在动机、诚实守信、团结友爱、勤劳勇敢等基本价值取向，训练目标导向的自我行动，是二年级整合性教学应关注的任务。

二年级学生积累了阅读短文的条件，可以学着自己阅读故事接受教育了。这

---

① 注：外在动机是与内在动机相对的动机。内在动机是对学习过程本身的兴趣产生的动机，外在动机是对学习活动以外的兴趣产生的动机，如名列前茅和奖励等。内在动机是健康发展最强、最持久的内在动力，外在动机过强会导向心理健康问题。

个阶段保留着儿童的想象兴趣,想象力是二年级学生特别需要开发的潜能。儿童对大自然和动物有着天然的相通感。皮亚杰曾经描述年幼儿童身上存在的"泛灵论"现象,即幼年儿童根据运动来理解生命,凡是能够有位移运动的物体都是有生命的。对心理状态敏感的儿童也有某种"泛灵论",即他们会根据心理状态理解生命,也会想象和推断凡是有生命的东西都是会有情绪和心理活动的。初始文字,阅读儿童文学作品,会帮助学生开拓自己的想象力,在模仿中创作。二年级学生的知识水平比一年级高,体育、音乐、美术学习也打下了一定的基础。因此,二年级学生更有可能理解神话,更有可能理解和创造拟人化的童话故事。他们容易被童话、神话故事打动,容易被其中蕴含着的道德概念和价值感所感染。比如,上海市洵阳路小学在二年级进行阅读童话、创作童话的教学活动,开展"环保特别行动"之前,进行童话阅读教学,学生们阅读了童话《地球清洁师》《云雀的心愿》。然后开展环境卫生活动,再指导学生创作童话来反映他们的活动结果。下面这个题为《大逃亡》的作品是其中的一例:①

  流动红旗:我是一面流动红旗,我是文明和洁净的象征,我喜欢住在一个宽敞明亮的教室里,今天我很荣幸地来到二(1)班。

  流动红旗:哎,朋友们,你们准备到哪里去啊?哎呀,你们今天怎么那么难看呵?咦?哪来的臭味啊?

  扫帚:我们正在大逃亡,你瞧,我的小主人把我当成"金箍棒"耍,害得我的头发都一根一根掉下来,我都要成光头了。

  拖把:我的命运比你还要惨,有一次,一个小姑娘吐了一地,我自告奋勇地把那些脏东西都给赶走了,但是小朋友却没有把我洗干净,害得我臭了三天,只好孤独地躲在角落里,不敢见人。

  垃圾桶:你瞧,我的身上黑一块,白一块,像个小乞丐,我为小朋友们服务,每天把垃圾装在我的肚子里,但我并不喜欢和他们交朋友,我真希望我的主人们天天给我洗个澡。

  水桶:我明明是用来装水的,但是我现在却成了回收站,什么雨伞、抹布都往我里面塞,我的拖把兄弟都没有安身之地了。

---

① 上海市普陀区洵阳路小学陈麟凤工作总结:《在童话世界里快乐地成长》。

流动红旗：你们真不幸啊！你们的小主人太不爱惜你们了，你瞧我们二(1)班的劳动工具多帅气啊！扫帚整齐地挂在门背后，拖把老弟舒服地靠在水桶里休息，小鸭垃圾桶洗得干干净净。

工具齐说：我们真羡慕你们啊！如果能让我们住在这样舒适的家里，我们一定会用自己的实际行动来为你添光彩！

二年级学生所具有的想象天性和热情是感受基本道德价值的内在条件，珍视儿童的天真烂漫，唤起并拓展天性进行价值教育，为他们的健康成长打底色，是教育的责任。神话、童话故事应该成为二年级整合课教学的主要内容。小学低年级语文教材和课外阅读书籍里有不少童话、神话故事，可选来阅读，让学生想象感受，相辅相成，会产生一举多得的教育价值。看到童话、神话故事对于二年级学生的特殊教育作用，意味着阅读教学对二年级学生具有开发价值教育功能。价值教育必须扬善惩恶，让学生在善良中感受美好，看到希望，感受邪恶之丑陋，厌恶唾弃之，这种风格是童话的特有格调。童话创作要求内容有趣、语言丰富、基调乐观明朗，同时必富有惩恶扬善正义感。全世界都把童话、神话作为儿童价值教育的主要方式，这是特别适合儿童的价值教育方式。用儿童化的语言，诱发儿童的想象力，呈现穿越时空的画面和感人故事，向儿童描绘做人的朴素道理。特别适合教师用来扭转学生因追求好评而可能出现的自私自利、作弊撒谎、欺负弱者的不文明行为。

但是，因为价值教育基本理念欠缺，不明白人文修养和价值教育具有不同于科学教育的特点，教学中会把道德修养与知识教学混淆，比如，把象征视为不真实，把理想判作不现实。不懂得采取象征赋予意义是人类的精神生活，不懂得理想总是超越现实的，不懂得没有了理想、追求人，与动物无异，儿童的健康成长需要培养精神力量。因为观念混乱，有些教师不能发自内心、充满热情地进行爱国教育、民族尊严教育和基本道德教育。甚至有的教师受低俗流言影响，看不清庸俗低劣对儿童发展的不良影响。不明白适应生活包括建构生活，不明白这是教育应该培养的主动发展的人之特征。无知和观念混乱也导致了儿童文学创作的贫乏和错误。童话故事中出现了改造经典的黑色童话，比如，白雪公主和王子结婚后，成了王子的陪葬；丑小鸭长大成了白天鹅，但被塞进了烤炉。甚至把投机取巧当做聪明编成童话编进了教材。

二年级学生语言能力较弱,在对阅读状况没有清晰意识的情况下,表达自己的理解比较困难。把自己的理解用有感情的朗读来表达,是交流阅读状况的一种方式。小队合作表演是交流阅读理解的另外一种方式。表演阅读也是适合于合作的活动,分小队创作,分角色表演,合作中的交流协商,有助于学会了解别人的想法,形成不同观点的意识。培养小队合作,对集体和个体都具有发展的意义。

二、培养小队合作

小队是学校里活动最多、影响最大的集体组织。一年级学生能力有限,学习的内容基本属于操练性的,所以,一年级学生的伙伴互动主要是在两人或四人之间开展。到了二年级,无论是交往还是学习,都需要建立小队来搭建进一步发展的阶梯,这个阶梯是在岔道口提升的,没有它,二年级学生的学习和交往中的倾向可能会出现问题。二年级学生竞争好评,轻视弱者,非常需要通过集体合作的有趣学习活动,来转化潜能、引导成长。否则,班级会变得松散,学习内在动机会被压抑。集体合作激活集体动力,把学生们追求好评的心向引导到学习探索之中,把竞争力量转化成相互促进的动力。每一位学生在小队合作活动过程中,肯定会遭遇不同的想法,会碰撞到他人的意向。不同意愿的冲突,各种想法的交汇,可以把其他学生的眼光融入,撑开自我中心视角,拉长时间透视的眼界,把意向与当下的行动结合起来。合作的这种特点特别适合于培养自主能力。尤其是指向探索的学习,能培养对学习的内在兴趣。在动机发展的意义上,强烈的内在动机被认为是自主性的最高水平。然而,儿童有结伴的天性,但没有生来具有的合作能力。小队合作活动是需要老师关注和引导的,让学生们在小队活动实践中学会合作,让每一位学生的自主性在小队活动实践中得到发展。

从合作水平看,有两个层次的合作:行动的合作和思维的合作。行动的合作是大家一起做一件事。思维的合作是交流讨论,形成共识。行动的合作是思维合作的基础。二年级整合性教学经常采取表演和游戏的方式,这为合作提供了实践的机会。有了以行动为主的合作锻炼,进一步深入的课堂讨论才可能产生。

刚刚开始建设小队时,特别需要教师的关注和指导。随着合作进入不同的状态,提出不同的评价指标。每一种指标都要通过评价和小组比赛产生指导的作用。在小组之间进行比赛,是形成小队向心力的主要方法。不过,在小队评比时很容易出现偏差。常见的偏差是:学生为了小队取胜,教师为了方便,只由几个能干的学生出场。亮相的只是几个人,大多数学生只做观众,或者站在一边做陪衬。这种状况比没有小队活动还要差,一些能力较弱的学生几乎没有机会亮相。此外,还可能出现另一种偏差:把全员参与理解成让弱势学生登台,其他学生做陪衬。这种情形源于教师的包办,教师不是指导学生们合作,而是从设计到排练亲力亲为。这样一来,教师只有精力指导个别学生表演,请能力强的学生让贤做观众。这种情形同样没有正确认识全员参与的意义。全员参与是要让每一位学生在各自基础上发展,而不是"吃大锅饭",拉齐学生的水平。具有凝聚力的集体有种很强的组织结构,为每一位学生的锻炼搭台,各自在不同位置发挥作用。能力弱的学生在伙伴陪伴中参与,就不会感到拘束害怕。能力强的学生也不因为弱势同学的出场而减少参与的机会,能力强的学生学习组织大家合作。小队建设起步工作是培养小干部,小干部出来了,小队就有了核心力量,小队才能逐步形成。所以,全员参与对于能力强的学生锻炼更大,要求更高。

刚刚开始建立小队时,首先需要指导全员参与。小队人数不能多,最多不能超过6个。表演比赛时首先要比全员参与,不能比表现的水平,如表演、朗读的质量。一旦把这些作为比赛的内容,小队就不敢让弱势学生参与,或者因为表现得不好而责怪弱势学生。要保证建立全员参与的意识,让每一位学生大胆投入。选择合作的内容是可以全员参与的基本条件。比如,朗诵、唱歌,可以大家一起排练;拼版游戏,可以有不同的分工;每一位都能够参与进来。有些内容的活动只能1—2个人一起做,没法分配给能力不同的学生,合作就会流于形式。在还没有清晰建立合作意识时,要在活动中提出汇报小队合作状况的要求,每一次活动各个小队都要介绍参与和分工的情况。

三、阅读学习

培养阅读兴趣和能力是阅读教学的重要任务。开始学习阅读有一定的难度,尤其对于学前准备不足的学生,阅读的困难更大。需要引起学生的阅读兴趣,推动学生们投入阅读,从而养成阅读习惯。很多迹象表明,童年是养成阅读兴趣和习惯的重要阶段,很多人童年不爱阅读,长大了不爱读书,不会读书,只为了考试而读书。读书能力是人终身发展的基本能力。现代社会,无论做哪一行,都需要读书能力。不会读书,没法了解信息,没法不断学习。不是认识字就具备了阅读能力,阅读离不开阅读实践,必须通过阅读学习阅读。所以,阅读入门时养成的兴趣和习惯将成为阅读能力发展的自组织机制。

学习阅读,要在读懂每句话的基础上学会掌握故事脉络和主题思想。对于刚刚学习阅读的学生来说,工作记忆的广度需要产生一个飞跃。学前教育阶段积累了讲故事经验的学生容易适应这一飞跃。对于没有讲故事经验的学生来说,难度非常大。必须学着在阅读过程中,不断把文字变成语义,把文章的各部分语义连起来。阅读是学着把语句转换成语义,并把它们串联起来。阅读与唱歌跳舞等游戏活动有很大的不同。游戏本身调动了全身器官的活动,让儿童投入其中。而阅读要人静下心来解码那些文字符号,将它们转化成身心器官的感受。阅读的智慧挑战增大,如果感受不到挑战的快乐,与困难相伴的是无趣和挫折。所以,要培养阅读的兴趣主要是要感受到文字解码的兴趣,感受到其中思考的乐趣,不只是依靠动作和音乐节律,用玩耍激起的兴趣。对于学前准备差、不善于表达的学生,阅读的挑战加大。如果没有合适的教学方式,课堂学习氛围会变得压抑,读书就是一桩枯燥无趣的苦事。

阅读理解产生于阅读过程中的认知加工,把文字符号转换成个体内心的语义符号。这需要将篇章文本贯通,并且与原有的知识经验交互作用,形成对文本的自己的印象。既能扣准文本的语言,又可以用自己的话语来说明。对于熟练的阅读者,阅读加工是在片刻之间形成的。初学阅读者需要在与老师、同学的交流中学习文本的阅读加工。阅读展开的认知加工包括细致的字词和整体概括,两种加工同时进行。占优势的加工在阅读过程中会产生变化,初学者同时分配到不同加工中的能力有限,所以需要反复阅读几遍。阅读能力强的人在读难度大的文本时也会反复几遍。一般可采取这样的阅读加工方式:先以把握整体印象为主,没有整体感,细节是无意义的;了解了故事主题和脉络时再品味细致的描述。细节的感受会充实和丰富对故事的理解。是否能够流畅地朗读文章,一定程度上反映了对文章的整体把握。如果说阅读是终身学习的基本能力,是让人有一个高质量的生命的基本条件,那么,初学阅读时的朗读能力就极其重要,是一个人不断学习的基本条件,也是保证人生质量的基本素养。

教学过程中可通过朗读、讨论和交流,引导学生的阅读加工:概括加工和细致加工之间交互作用。在阅读学习水平不同或阅读文本难度不同时,教学的引导有不同的侧重。对于初学阅读的学生来说,主要先连起来形成完整的印象。初学阅读的学生认知加工能力有限,也不容易产生兴趣。需要采取读以外的方式来督促和唤起学习的兴趣、引导学生学习阅读加工。让学生们表演自己阅读的故事,可以引发阅读的兴趣,促使学生们认真阅读,从而养成阅读的习惯。

四、表演阅读

(一)尝试中的问题与启示

我们尝试将低年级童话教学以教师阅读分析为主改为用儿童的方式教学童话,改变以往少数学生当演员的做法,让全体学生表演。根据文本教学需要,将学生分成若干表演组。小组在课外排练,然后全班在课堂上分小组表演。一个组表演时其他同学观看点评。我们把这一教学方式称为"表演阅读"。低年级语文教材中故事、童话较多,适合于用表演的方式进行阅读教学。表演阅读与课堂上教学中常用的就文本某些语段,指名表现力强的学生到讲台前表演的做法不同,后者是少数学生当演员、多数学生当观众,目的在活跃课堂气氛或帮助学生理解文本,而表演阅读是让每一位学生通过表演学习阅读和表达自己的阅读理解。

表演阅读对学习阅读和人格素养发展有着特殊作用:表演是儿童喜欢的活动,通过合作表演来进行交流。故事有开头、经过、结果,有人物形象描写、心理描写。学生根据文本来想象创作,把严肃的阅读变成了他们的游戏,会克服教学神圣化、严肃化造成的心理负担。这很容易激活学生的阅读兴趣,让阅读成为学生们的自觉行为,有助于学生理解文本。表演时学生通过面部表情、肢体、声音和整体气氛,让大家整体感受文本;表演阅读把对书面语言的内部加工转化成对话和表情动作,在表演中引导表达阅读的感受,把内心的阅读加工外化,通过表演来交流。这种方式搭建了学习提高阅读水平的可视平台;表演更有激活体验的作用。表演时带动身心的投入,会增强对文本的感受,提高对文本蕴含的道德观念的价值体验;故事、童话中通常有几个或多个角色,表演需要学生间的合作。根据故事分配角色、讨论表演,这很自然地让学生们进入合作实践。分小组排练表演的经历有助于形成小队,无疑,这能锻炼学生协作精神,增强小队凝聚力;阅读表演过程中,学生承担了多重角色:演员、编剧和导演、观众、评论员,这拓宽了让学生主动参与的时空。

但是,每一位学生既当演员又当评论员的做法在教学初始阶段遇到很大挑战。容易出现这样的问题:每一位学生都能当小演员,这让他们兴奋不已;学生容易关注表演,不认真阅读课文;小组表演时,因课文不熟,表演时常中断;因课文理解不准,动作设计不到位;因阅读偏重于情节了解,对文本结构、文本中的词语、描述等语言元素不关注,影响阅读质量;排练时队长组织能力差,不会当小导演;队员只顾自己玩,排练不专心;大家都想扮演自己感兴趣的角色,闹情绪不愿当配角;小组无法正常排练;学生缺少表演基本技能,表演达不到基本要求;学生观看表演时缺少当文明观众的基本素养,只看热闹,不会结合文本思考,更不会对演员表演进行点评;虽然学生参与度高,也很开心,但教学效果不理想。

下面一个教学片断反映了阅读表演教学初始阶段的状况:

课文《咕咚来了》教学片断

一、回忆童话故事梗概　各组分配角色

T:昨天我们学习了童话故事《咕咚来了》,大家充分朗读了这个故事,今天我们要用大家喜欢的方式——表演的方式理解童话故事。表演前,我们先回忆一下童话的基本内容。(师生合作回忆,完成下列板书:

时间:上午

地点:森林湖边

角色:小白兔　小公鸡　小猴　小奶牛　小狗　虎　大狮子)

下面小组长带领组员分角色。

二、小组活动——分配角色

(每组6个人。各组活动状况：有的小组组长一人分配角色，组员有的点头，有的举手，有一个哭了；有的小组组员七嘴八舌，长时间形不成决议；有的小组组长用很长时间在纸上写角色分配方案，组员在一旁焦急地等待。)

【评：组长不知道如何快速确定角色，分配角色占用许多课堂时间；学生都希望自己当主角，不愿当配角，当不成主角就闹情绪甚至哭泣。】

三、小组排练

(各组坐在位置上对台词，没有动作)

【评：老师没有指导如何排练，也没有为各组安排排练地点。】

四、各组在全班表演

T：现在各组在全班表演。表演前，老师先宣布要求。

(出示板书：要求：

1. 角色分工明确　小组合作　全员参与

2. 语言表达流畅　语速适当

3. 仪态自然大方

4. 舞台表演(表演自然大方　到位　表演中有感情、有创意)

5. 礼仪表现(上下台有礼貌)。

【评：1. 老师宣布表演要求滞后，起不到规范小组排练的作用。2. 表演要求条目不明确，表述笼统，初学表演的低年级学生难理解】

T：现在请第一组表演。

(演员来到讲台前，排成一排等候在教室一角。

角色按照文本叙述顺序，一个一个依次出列上场表演，完成自己的动作后又等在一旁。

老虎上场，忘了台词，愣在台上，老师提词后表演。

观众观看表演不热心。

学生表演过程中，老师满场跑，忙着调整演员站位。因为有的演员背台，多数演员簇拥在一起。整个剧组表演时偏台严重，演员全部缩在教室角落)

> 【评：学生缺少表演基本知识和技能。老师对观众没有提出观看要求。】
>
> T：第一组表演完了，好不好？
>
> S：好。
>
> S：不好。
>
> S：不好。一点不紧张，把话说出来就算了。
>
> S：不好。表情不到位。
>
> S：不好。声音不响。
>
> T：表演首先语言要清楚，声音响亮。这个小组声音没有放出来，角色要加上自己的创意。
>
> 【评：老师和学生不知道如何点评表演，老师缺少对阅读表演育人价值的认识，也缺少组织和指导学生表演的方法策略。】

这个教学片段主要表现出以下问题：

1. 学生不会课堂讨论，小组长主持讨论能力很差。

2. 老师把课堂表演要求用板书方式对学生只做简单交代，没有具体解释（这恐怕是教学中的通病），低年级学生无法理解。

3. 老师在学生表演过程中满场跑，干预表演，影响观看。

4. 学生没有表演基本概念，不知道要面对观众站台，不知道说话要让观众听到。学生文本阅读不到位，动作、神态和语言表达不能反映文本描述。观众点评几乎脱离文本要求。

可见，让小学生用表演方式学习童话，说容易也容易。因为学生年龄小，喜欢而且热衷于表演。课堂不再是少数优等生表演展示的场所，每个学生都有参与学习的空间，都有机会进入语言表达实践，有机会大胆尝试和锻炼。但表演阅读要产生理想的教学效果又很难。因为老师和学生很容易把课堂表演浅化为轻松的游戏，失去表演的多元教育价值，降低阅读教学的要求。

纠正表演阅读过程中的偏差，首先要明确表演阅读的目的要求。阅读表演是阅读教学的一种方式，有明确的阅读教学目标。阅读教学中的表演不同于舞台表演，也不同于学校的文娱演出和课本剧演出，不以表演为目的，不是完成演戏任务。

阅读教学中表演是学习行为,承担着培养阅读兴趣、习惯,培养独立阅读能力,帮助理解书面语言呈现的信息,学会通过阅读来吸取社会文化的基本观念和感受,提高综合素养的任务。不能只关注"人人参与",不关注其他。要使表演成为全体学生学习的资源,必须有表演和观看的要求和指导。表演既是学生表达阅读理解的一种方式,同时又是与同学们共同加工文本、增进文本理解的过程。要求座位上的学生认真观看同学的表演,并且用课文中的描写审视同学表演。表演后点评是进一步理解文本、锻炼语言的过程,也利于学生良好习惯的养成。老师的点评和提炼是具体的指导。

其次,纠正阅读表演过程中的偏差,要明确提出阶段性的培养任务,扎实培养表演阅读中的种种能力。比如,课前准备能力。若教师解读教材、分析学生不透彻,学生课文预习不熟,教学现场遇到难题时就会束手无策。比如,小组长组织能力、小组讨论、排练能力。因为小组活动是课堂学习的重要形式,小组长不会掌握,小组就不能正常活动,课堂教学将无效;等等。阅读表演的不同阶段有不同的教学任务,老师有必要根据各阶段任务培养学生的学习习惯、学习能力、活动能力。这恰恰反映了表演阅读是综合性的教学活动。

(二)表演阅读教学的准备

用表演方法教学童话课文对老师的教育教学理念、教学方法策略提出新挑战。学生能否达到学习要求,关键在老师。

首先,老师对阅读表演的多元育人价值要有清晰的认识。如上文所说,阅读表演不是玩,不是轻松的游戏,也不同于舞台表演,不同于课本剧表演,不以表演为目的,而是学生重要的学习活动,是培养学生阅读兴趣、提高阅读理解水平、培养独立阅读能力、学会表达和合作等综合素养的重要举措。所以,阅读表演不是少数学生的表演,必须保证每个学生都参与,而且要全过程参与。即参与表演前期准备、表演、表演后点评,在参与中学习、锻炼、提高。

其次,基于阅读表演式教学不同于日常讲读、讨论等教学方法,具有其特殊性。因此,对教师的教学准备也提出了特殊要求:

1. 选择适合表演的文本

童话作品很多,教材中有,课外读物中更多。但不是每篇童话都适于低年级儿童表演,需要老师进行选择。

（1）选择主题单纯、基调积极乐观、蕴含朴素的道德观念,惩恶扬善、富有正义感的文本。

（2）选择能够引发儿童道德体验、审美情趣、想象和思考,能让低年级儿童理解的故事。

（3）选择内容要兼顾多种类型,丰富学生知识。童话类型多样,有超人体形象类、拟人体形象类、常人体形象类;有生活常识类、道德品质类、科学知识类等。

（4）选择故事情节完整、内容生动有趣、语言活泼、多个角色和有角色对话的作品(后阶段,如果童话内容合适,没有对话,可以指导学生自行设计对话)。

2. 多元角度解读文本

要把阅读理解转换成形体表演,老师备课需要从以下几个角度解读文本:

其一,从文本理解的角度解读文本。一篇文章的组成离不开字词句篇,教学童话,老师课前同样需要深入研究文本,研究文章的基本组成和特点。教学童话课文需要深入研究童话文体和语言特点。除了在一年级基础上继续关注文中的生字新词及其语言特点外,二年级阅读教学需要关注文体结构,渗透文体类结构意识。这样才能培养学生的阅读能力,日后可以在独立阅读过程中产生自主加工。

其二,从文本表演的角度解读文本。阅读表演要用演员形体、语言和场景布置,把故事发生的时间、地点、故事情节、人物特点和故事蕴意表现出来,课前要从表演的角度解读文本。要考虑,文中哪些部分、哪些语句是交代故事时间、地点的?表演时需要哪些手段、道具?这些道具在舞台上如何摆放?文本表演的关键点有哪些?一般情况下,文本解读要关注以下方面:

（1）文本中的关键语句——表现关键情节的比喻和描写,表现重要蕴意的动词、形容词等是学生理解文本的重点之一。比如,"萤火虫在前,蜻蜓在后",说明天色已晚,蜻蜓飞行时看不清,萤火虫在前面引路。表演时,萤火虫和蜻蜓飞行时前后位置不能颠倒,如果颠倒了,说明学生对文本理解有误。

（2）文本含蓄处、空白处——可以启发学生想象,自编语言、动作、神态。有时候,故事通过角色行为来反映意境,需要阅读者去体味。比如,如果气温构成了整个故事的背景,那么表演出"一个炎热的夏天"就很重要,演员要表现出"炎热"的动作和神态。

（3）拓展延伸故事情节——当学生能够用表演表达文本阅读时，可以启发学生续编表演故事。比如，在表演童话故事《送小蚂蚁回家》时，可以让学生们想象表演小蚂蚁回到家时跟爸妈的对话。续编表演会进一步提升儿童的阅读兴趣，尝试锻炼想象创作也会为学习作文打基础。

其三，从学生发展的角度解读文本。学生是阅读表演的主体，表演前的准备充分与否直接关系到阅读表演的效果。这个过程不仅考验着学生的阅读理解能力，而且锻炼他们的想象创造、表达和表演能力。

学生表演前的准备包括个体预习和合作排练两方面，课前预习既能锻炼提高自主阅读能力，也有利于学生学习责任感、合作能力的培养。二年级学生已能自主读通课文，尤其是童话课文。阅读预习首先是学习课文中的生字、了解课文基本内容。为了参与阅读表演，预习时要求学生尽可能流利、有感情地朗读课文，熟读角色对话。但是，要注意学生间的差异，对困难生要放低要求。

合作排练要求小组进入脱离教师的小组独立合作的活动。在学习表演的初始阶段，学生尚未掌握排练规则，小组长也缺乏组织能力。此时的小组排练可以安排在课内，在老师直接指导下分组活动。如果在学生没有学会小组合作活动时，就脱离教师指导小组独立活动，小组排练将会一片混乱。小组长在小组排练时既是组织者，又是小导演。排练进行前，组长要组织小组成员分配角色、熟读课文。排练时，小组长要组织成员设计表演动作、舞台站位、舞台布置和道具。排练过程中还要管理纪律，做到有效排练。老师要重视小组长培养。

3. 表演阅读的教学设计

根据学生实际情况，阅读表演课可以分成两种课型：一种是学生初学阅读表演阶段的"阅读表演指导课型"。这一课型旨在指导阅读表演的基础知识、基本技能。另一种是"阅读表演课型"，是学生基本掌握阅读表演知识、技能基础上的课型。小组能正常排练、表演，同学们懂得观看、点评的要求。

阅读表演指导课

教学设计

一、教学目标

1. 激发学生自主阅读兴趣。

2. 帮助学生了解阅读表演基本要求、技能,学习表演过程中的合作。

3. 指导学生表演交流过程的点评。

二、课前准备

1. 选择教材:最好选择学生学习过的合适的童话故事,这样课堂上可以省却学生熟悉故事内容,学习生字和朗读的时间,从而突出课堂教学的指导重点;学生熟悉表演规则、要求并做初步排练实践。

2. 布置预习:要求学生复习课文、有表情地朗读课文,讲述故事内容,设计表演动作等。

3. 培训组长:明确组长职责、了解表演组排练要求和排练活动程序:

(1) 朗读故事:在全文熟读基础上分角色朗读,读流利、有感情;

(2) 分配角色:个人申报,共同协商,组长决定;

(3) 角色自练:各角色分别熟悉台词,设计动作;

(4) 全组合排:排练和商量调整。

(教师课前也可以预先指导一个排练组。在课堂教学中,请这个组做示范表演,通过直观表演和点评,帮助全班学生了解如何表演课文)

三、阅读表演教学基本过程

(一) 演前指导:

1. 讲述阅读表演法的意义,激发学生表演热情。

2. 讲述演员表演基本要求:

(1) 上场要与观众打招呼,介绍自己扮演的角色;

(2) 声音要响亮,让全班同学都能听到;

(3) 台词要熟练,不要忘词;

（4）根据故事内容和角色特点设计动作；

（5）站位面向观众，不要背台；

（6）演员之间不要挤在一起，要有全场意识；

（7）退场有礼貌。

3. 师生共同回忆童话故事主要内容，再次熟读故事、记住故事。

（二）各表演组第一次排练

1. 老师简述表演组活动规则：

（1）认真排练，不做与排练无关的事；

（2）角色间要互相关心，根据故事内容切磋动作。

2. 各组排练。（在老师安排的地点或自行确定的地点排练，既避免组间相互干扰，又要便于老师巡回指导）。

（三）示范组表演、全班点评

1. 老师讲述观看表演的要求：

（1）礼貌观看：演出开始、结束时应鼓掌。

（2）边观看边思考：看演员表演是否体现课文内容，是否符合表演基本要求。

（3）表演后点评原则：根据表演要求交流点评。

2. 示范组表演。观众交流点评，要说明评价好和不足的思考依据和建议。

（四）各表演组二次排练

各表演组学习示范组优点，联系本组排练情况，改进不足，做二次排练。

（五）各组表演、全班点评

（六）总结

师生共同总结：表演组排练情况、表演情况、点评情况等。

五、课外阅读课内指导

经过一年课内外培养,二年级学生阅读障碍少了,阅读能力、阅读课外书兴趣比一年级时提高了许多,下课后,会发现不少二年级学生在座位上阅读课外书。结合二年级学生实际情况,课外阅读指导须作相应调整:

(1)学生选择课外书籍指导。随着阅读能力、阅读兴趣、阅读量增加,学生购书热情也随之提高,但是学生不会选择适合自己阅读的书籍,需要老师指导:从选择以图为主的书逐步向以文字为主的书过度;除了继续选择童话类书籍外,建议扩大阅读视野,选择一些难易合适的人物故事、景物介绍书籍。可以根据自己的兴趣选,也可以配合教材内容选。如配合课文中"沉香救母""黑板跑了"等中外名人小时候经典故事的学习,选择更多同类书籍阅读;配合"欢乐的泼水节"等课文学习选择更多介绍祖国、家乡民族风情的书籍阅读;还可以配合学校、班级活动选择书籍,如配合爱国主题活动,阅读"鸡毛信""二小放牛郎"等故事。

(2)阅读反馈指导。二年级学生阅读面广了,虽然可以某个时期要求全班学生同读一本书,然后交流指导,但更多时期同班学生阅读书籍各不相同,阅读反馈可以分类指导或按主题指导,如指导如何阅读人物故事、如何阅读诗歌等。指导宜采用学生动态交流形式,如以小组为单位,各人在组内讲述自己阅读的故事,然后请讲得好的学生代表小组讲给全班同学听;如以小组为单位,选择一个合适的故事排练在全班表演。通过讲故事、表演等形式,不仅进一步扩大了每个学生的阅读面、信息量,还锻炼了学生的综合能力。课外阅读课内指导课除了负有指导阅读方法、提升阅读能力功能外,还有激发学生阅读热情,促进学生坚持课外阅读、养成良好习惯的功能。有的老师以小组为单位统计每个学生每周或每月阅读的书名和本数,制成表格公布在教室醒目位置,并定期表扬阅读积极的学生和小组,形成积极阅读的良好氛围。如上文所说,课外阅读课内指导课通过集体合作的有趣学习活动来转化潜能,把学生追求好评的心向引向学习探索,把竞争力量转化为相互促进的动力。

六、阅读表演课教学案例与点评

《最好的礼物》教学实录

上海市闵行区文馨小学二年级　执教教师：孙晓芳

教学过程
一、预习反馈

T：同学们已经预习了童话故事《最好的礼物》，学习了生字，熟读了课文，有什么问题吗？

S1：为什么小猪的脸摔得青一块紫一块，可以当小猴的生日礼物？

S2：因为他要给好朋友礼物，摘山核桃给小猪，他有友情。

T：小胖猪去干什么了呀？

S：摘山核桃。

T：对，小猴最喜欢吃山核桃。小猪想摘山核桃送给小猴，虽然没有摘到，摔得青一块紫一块，但是他的心意到了吗？

S：到了。

S3：小胖猪怎么摔进沟里的？

S4：因为他去摘山核桃的时候不小心滑倒，掉进沟里。

T：爬树是不是小猪的强项？

S：不是。

T：对，不是他的强项，他的身体又那么胖，爬树时不小心摔了下来。

S5：为什么课题是《最好的礼物》？

T：这是谁的生日？

S：小猴。

T：对呀，小猴的生日，课题怎么是小猪的礼物呢？

S6：因为是小猪送给小猴礼物。

T：所有送礼物的朋友中，小猪的礼物怎么样？

S：特殊，有新意。

T：说得好！

S7：我的问题是，小猴为什么要有礼貌地对山羊爷爷说？

S8：因为要尊老爱幼。

T：我们大家都要做一个讲文明有礼貌的孩子。

S9：小猴对小鸟说话，小鸟回答他的时候，为什么小鸟要理理花羽毛？

S10：因为小鸟爱漂亮。

【评：教学培养学生质疑能力得到广大老师的认同，但涉及培养低年级小学生质疑能力时，认同度降低。有些老师认为，质疑能力是高年级学生的事，培养低年级学生不太可能。低年级学生问题太多、主次不分，更多是琐碎的小问题，或者不是问题的问题。加上问题表达不清、语句混乱，让低年级学生质疑会占用过多课堂时间，所以不给低年级学生锻炼质疑的机会。其实，学生质疑意识、质疑勇气和质疑能力是需要从小培养的。要求学生预习课文时，积极思考提出不懂的问题，既是培养学生阅读素养的重要举措，也能培养学生的质疑能力。培养低年级学生质疑要注意：

1. 问题难度不同，处理方法应该不同。从这一教学实录分析，学生所提问题可以分三类：一类是课文中已有交代的问题（如 S3 的问题）；二类是学生熟悉的、能互相解答的问题（如 S7、S9 的问题）；三类是涉及课文中心思想的大问题（如 S1、S5 的问题）。三类问题差异较大，教学过程中应采用不同的方法处理。比如，对待一类问题，可以提示学生认真读一下课文，在课文中寻找答案，自己去解决。对待二类问题，可以及时组织学生相互解答。对于三类问题需要在全文教学过程中师生共同研究解决。因为没有意识到问题的差异，有些教师对不同问题采用相同的处理方法。特别是对第三类问题处理过于仓促。第三类问题展开处理时，特别适宜全文教学后组织学生讨论理解。

2. 帮助学生把话语说清楚,包括把问题说清楚,把答案说清楚。学生质疑、答疑不同于照课文朗读,需要学生自己组织思路和语句,这对低年级学生来说难度相当大。教学中教师要避免只注意学生提的问题和回答,不注意学生语句表达的准确性。要帮助学生把语言说清楚,老师也要注意自己语言的规范性。】

二、各表演组排练(第一次排练)

T:这么有趣的故事,想不想演一演呀?

S:想!

T:同学们已经迫不及待了,但是要表演好一定要先练一练,对吗?老师已经给大家分好表演组。各表演组在组长带领下先分角色,再排练。

(表演组有的在教室,有的在走廊,有的在操场上——分角色、排练。老师巡视指导)

T:刚才各表演组活动很认真。各组分配角色方法不同,有的组组员自己报名,有的组由组长分配,都很友好。有的小朋友没有分到角色,开始有点伤心,后来他们想出一个好办法,把自己当成小树、小花,当成在森林里休息的各种小动物,这样人人有了角色,也很开心。是呀,我们教室就是一座大森林,森林里有许多花草树木和动物。下面我们先请一个小组(示范组)来表演,大家认真观看、积极点评。

三、示范组表演,接受点评

T:现在先请一个组来表演。这个组表演时,大家干什么呀?

S:认真看表演,当好小评委。

T:怎么当好小评委呀?

S:评一评,演员声音响不响。

S:动作是不是和书上写的一样。

T:对,老师也写了几点,大家读一读。(适当讲解)

(出示:声音响亮,让最后一排同学也能听到;

台词要熟练,不要忘词;

动作要符合角色身份;

要面向观众,不要背台。)

S：演员不要挤在一起，要适当分开；

S：表演开始、结束时，要和观众打招呼。

T：现在请这个表演组上场，大家欢迎。（大家鼓掌）

（演员上场，排成行，向观众鞠躬）

组长：大家好，我们表演的故事叫《小猪的礼物》，首先向大家介绍角色：

S1：大家好，我叫小山羊。

S2：大家好，我演小鸟。

S3：大家好，我演小松鼠。

S4：大家好，我演小猪。

S5：大家好，我演小白兔。

S6：大家好，我演小乌龟。

组长宣布：演员各就各位。（小松鼠、小乌龟、小白兔站在讲台右侧；小猴站在讲台中间——家中；小鸟、山羊站在教室偏后方——森林中，山羊吃草，小鸟唱歌，小猪蹲在地上；其他小组几位同学助演——自动扮演小树、小草，把小猪围得严严实实）演出开始。

（场景——小猪家）

组长：今天是小猪的生日，朋友们都来向他祝贺。

（朋友们上场，给小猪送礼物）

小松鼠：这是我送给你的礼物开心果。（给礼物）

小猴（接礼物）：谢谢！请进。

小乌龟：这是我送给你的礼物冰淇淋。（给礼物）

小猴：（接礼物）谢谢！请进。

小白兔：这是我送给你的礼物，是你最喜欢吃的巧克力。希望你喜欢。

小猴：谢谢大家，我们一起吃蛋糕吧。

（大家唱生日歌，小猴切蛋糕、分蛋糕，大家吃蛋糕）

小白兔：咦，奇怪！今天小胖猪怎么没有来？

小猴、小乌龟、小松鼠（奇怪）：是呀，我们也不知道呀！

(吃完蛋糕)

小白兔：天色不早了，我们该回家了。

小猴：我送送你们吧。

(四人告别、退场)

小猴：(边挠头边上场)今天是我生日，小胖猪怎么没有来呢？我去找找他吧。

(场景二——树林深处)

小猴(向森林后方走去，遇到正在吃草的山羊)：山羊爷爷，山羊爷爷，您看见我的朋友小猪吗？

山羊(捋捋胡子)：小猪啊，他到那边树林里去了。

小猴：谢谢！(向树林深处走去。看见小鸟在树枝上唱歌)小鸟，小鸟，你看见我的好朋友小猪了吗？

小鸟(做理羽毛动作)：小猪呀，他到那边山谷里去了。

小猴(向山谷走去。环顾四周，大声喊)：小猪！小猪！你在哪里？

小猪(蹲在地上，被小树、小草遮住)：我在这！

小猴：你怎么掉进山沟里去了？来，我来救你，拉住我的尾巴，一二三，跳！(小猪被拉上来)

小猪：对不起，小猴，我想把你最喜欢吃的山核桃摘下来送给你，可是我太笨了，直接从树上摔进了沟里。对不起，什么礼物也没有了。

小猴(摇着小猪的双臂)：你已经送给我最好的礼物了。

小猪(低头、小声地)：没……没……没有呀，我什么礼物也没有呀。

小猴(双手捧着小猪弄脏的脸)：这就是最好的礼物呀！来，我摘些山核桃给你。(在山核桃树周围转了几圈，作寻找、摘核桃状)

小猴(将山核桃送给小猪)：好了，我们回家吧。(走向后台)

组长：表演结束，谢谢大家！

(全体演员鞠躬谢幕，观众鼓掌)

T：大家觉得他们演得怎么样？好，好在哪里？不好，该怎么改进？

S：我觉得演小鸟的比较好,书上说,小鸟"理理花羽毛",他理了。

S：小白兔的声音很响。

S：小猴救小猪的动作很像。

T：那,如果打星的话,打几颗星?

S：两颗。

S：四颗。

S：五颗。

T：哦,不错。有没有不好的地方?有没有要改进的地方?

S：小猴的声音太小了。

T：哦,要——

S：大一点。

S：山羊爷爷没有做捋胡子动作。

S：做了。

T：做了,好像没有把老爷爷动作都做出来。对不对?（请提意见的同学）你来做做看。

S（做捋胡子动作）

T：大家一起做做看,老爷爷白胡子,腰有点弯（全体起立做动作）。要把握老爷爷的特征。

S：三个送礼物的朋友声音都太小。

T：对,这个地方也要改进。

S：他们吃蛋糕的时候,头都挨到一起了。

T：他们太"亲密"了是吗?记住,要稍微分开点。

T：看来,要表演好还不容易。不知别的小组表演怎么样。这样,老师再给各表演组一点时间,再排练排练。学习第一组的优点,改进不足,好不好?

S：好!

四、各表演组二次排练

五、各表演组依次表演，全班点评

T：各表演组又认真排练了一次，学习了第一组的优点，改进了不足的地方，希望各组会表演得更好。请第二组上场。欢迎。

第二组表演（略）

T：我们来评一评。

S：小猴忘词了。

S：小猴找小胖猪的时候不着急。

T：找小胖猪的时候心情应该怎么样？

S：着急。

T：（学小猴慢悠悠走路的样子）哎呀呀，着急吗？

S：不着急。

T（请一个学生）：你试试看。

S（着急状）：山羊爷爷，山羊爷爷，我的小胖猪在哪儿？

（全班笑）

T：对，很着急的样子，他就把自己当成小猴了，把自己融入角色了。好！

S：小鸟理羽毛了。但是不怎么飞（两手展翅做大的飞行动作），他只这样飞（做小动作）。

T：好，你再飞飞看。

S（双手展开，用力上下煽动）：他应该用很大力气飞。

T：哦，幅度大些。（老师做拍打翅膀动作，全班同学都做拍打翅膀动作）

S：小猴老是笑，他笑眯眯地走过来，也不着急，一直笑，摸小猪脸的时候也在笑，说"这就是最好的礼物"时还在笑。笑场了。

T：这小猴呀，不在状态，是不是？

S：山羊爷爷说话太快。

T：山羊爷爷说话速度能这么快吗？

S：不能，要慢一点。

T：我们来读一读山羊爷爷的话。大家点评得很好。下面小组表演时要注意了。挑战这一组。

（各组表演、点评。略）

六、总结提升

T：各组表演一组比一组好，点评也越来越到位，说明同学们通过自己的表演和点评把课文学会了，而且学得很开心。

T：刚上课的时候有同学问为什么小猪的脸摔得青一块紫一块是最好的礼物？现在理解了吗？

S：小猪的脸摔得青一块紫一块是为了摘山核桃。

S：小猴最爱吃山核桃，小猪就去摘山核桃。

T：我们看看，小猪对小猴的这份友谊怎么样？让我们很感动是不是？小猪不会爬树，却爬到树上摘山核桃，还跑到那么远的山谷去，这份心意是非常——

S：珍贵。

T：很可贵的。我们再看看小猴对小猪，怎么样？

S：也很好。

T：还把自己最爱吃的山核桃送给小胖猪，有好东西大家一起——

S：分享。

T：我们也要真诚地对待身边的——

S：每一位朋友。

T：今天的课上到这儿，看到你们的进步老师也很高兴。以后上童话课文就让同学们表演好不好？

S(兴奋)：好！

T：不过表演中还有不足的地方，需要我们认真练习——

S：改进。

T：下课。

【评：本节课较好地体现了"阅读表演指导课"的特点，取得较好的课堂教学效果。随着课堂教学的层层推进，学生在反复表演和点评实践中明白了阅读表演要求,提高了表演和点评水平。表演、点评水平提高正反映了学生文本理解水平的提高。二年级学生阅读童话文本能力虽然比一年级学生强,但是他们还不能自行组织语言表达自己对文本的理解和感受,不能用语言阐述自己丰富的想象力。童话阅读表演借助形体语言不仅能弥补这方面的不足,还能在积极自主、轻松愉快的学习过程中,在同伴相互启发中进一步激发这种想象力,加深对文本的理解,感受文本所传达的美好,为以后童话阅读表演,更为以后自主理解其他文本奠定较好的基础。

如前所述,二年级学生中出现竞争、追求好评和轻视弱者等现象,需要进行教育和引导。童话阅读表演正是有效引导方法之一。让自己成为童话故事中的一员,用表演的方式展现自己的理解和感受是学生的最爱,因为这种表演是团队行为,要达到好的表演效果,需要团队每个成员的努力,其中包括成员之间的协调精神、相互尊重,甚至为了集体放弃个人的喜好。阅读表演过程中,我们看到,为了展示小组表演最佳效果,那些在家中永远是"主角"的学生可以心甘情愿地当配角,那些以自我为中心的学生能认真听取同伴的意见和建议,那些曾经是学习中的"弱者"因表演出色受到同伴的好评与尊重。更令人感动的是,有的学生能主动担当其他组的群众角色,为其他组的出色表演贡献一臂之力。就这样,通过集体合作的有趣学习活动来引导学生成长。阅读表演课堂总是其乐融融。】

案例二

《猴子种树》教学实录

青岛崂山实验小学一年级　　执教教师:李显向

教学过程

一、激起兴趣

T:告诉大家一个好消息,学校要举行童话表演比赛啦,大家想不想参加?

S（齐）：想！

T：我们表演《猴子种树》，今天就练习表演好吗？

S：好！

二、回顾内容

T：要表演好，先要把童话故事读懂，重要内容还要背出来，不能拿着书表演，对不对？上节课大家读了课文，我来考考大家懂了没有？1. 童话故事里有几个主人翁？

S（齐）：猴子、杜鹃、乌鸦、喜鹊。

T：2. 发生一件什么有趣的事？请四个小朋友扮角色读一读。

（四个同学扮角色读）

全班同学点评：读得再有点感情就好了。

要读出有点轻、有点重的语气。

要读出每个角色的语气。

……

T：大家提出很好的建议，以后读的时候要注意，别的小朋友读的时候也要注意。

3. 童话故事中还有几句农谚，能记住吗？

（出示板书，学生读、背：

　　　　梨树　乌鸦　哇哇　梨五杏四

　　　　杏树　喜鹊　喳喳　杏四桃三

　　　　桃树　杜鹃　咕咕　桃三樱二

　　　　樱树　樱桃好吃树难栽）

T：大家把内容记得很熟。表演时要把动物语言说好，把动作做好，动作要符合课文里的描写。表演前先练一练。

三、演前练习

（一）同桌练读乌鸦和猴子对话

指名两人扮演角色朗读，大家点评。

老师提示：把称呼、农谚读好。要突出"梨树""五年"等词语。

（二）小组合作排练全文

1. 确定小组成员。

2. 宣布小组排练规则。

组长安排角色。

组员之间要协同合作。

演完要结合课文互相点评。

3. 各小组选定地方排练，老师巡视。

（三）选一组试演全文

T：老师请一个小组先在全班试演，全班同学都是小导演，要认真观看，积极点评。

（一组试演）

全班点评：这几位同学太紧张了，放松一点就好了。

猴子动作太少，浇水、拔树都要做动作。

乌鸦说话时要飞过来，不要站得太远。

猴子说话还不够流畅。

……

T：小导演们提出的意见和建议都很好，各表演组表演的时候都要注意。为了演得更好，我们抓紧时间，各表演组再排练一次，吸收试演组的优点，改进不足的地方。

四、各组二次排练全文

五、表演比赛正式开始

T：先请×××组表演。

（×××表演。表演非常成功，全班同学异常兴奋）

全班点评：猴子表演时，动作做得很好。

猴子把拔树的动作也做出来了，很像。

我认为，演员们表演的动作和语言都值得我们学习。

我建议，乌鸦、喜鹊、杜鹃和猴子说话时，要对着猴子，不要对着我们。

……

T：由于时间关系，今天比赛就到此结束，明天继续比赛。

六、拓展延伸

第二年，小猴又种树了，他种的是梨树，这时候谁来了（老师出示袋鼠画像）？说什么？小猴说什么？

S：这时候袋鼠来了，他说：猴哥，猴哥，梨五杏四，你怎么种梨树呢？

小猴（想一想）：我想，就种梨树吧。以后再种杏树。

（小猴没有拔掉梨树。第二年，小猴又种了杏树）

（老师出示小狗画像）

S：一只小狗来了，说：汪、汪，杏四桃三，你怎么种杏树呢？桃三樱二，你可以种樱树呀。

小猴：梨树再有三年就结果了，我最爱吃桃子，就再种点桃树吧。樱桃太小，我不爱吃。

（小猴没有拔掉梨树和杏树，又种了桃树）

T：同桌议论议论，小猴的行为和以前有什么不同？结果有什么不同？

S：小猴以前自己不动脑筋，听了别人的话就拔树，现在小猴和以前不一样，不是拔这棵种那棵。

S：小猴会自己动脑筋了，种自己喜欢吃的水果，他不喜欢吃樱桃就不种樱桃树。

S：最后，小猴种了一大片果树，有梨树、杏树和桃树。

T：三年以后，小猴能同时吃到哪些水果啦？

S：梨树、杏树、桃树。还请我们同学去吃呢！

（下课）

【评："拓展延伸"是本节课一大特点。老师采用故事续编方式引导学生理解童话故事主题，向小猴学习，遇事要多动脑筋。】

（资料来源：吴玉如.中小学生语文能力培养与实践[M].福州：福建教育出版社，2014：147.）

三年级语文整合教学活动主题和案例

一、三年级学生成长潜能和发展引导

三年级学生进入了转折阶段,从儿童长成了少年。主要表现为以下一些倾向:①

三年级学生显现出个体化的评价。低年级学生依靠教师评价引导,因为适应了小学生活,变得大胆、无所拘束。熟悉了学校生活规范的三年级学生,开始根据自己的评价来行动。学校生活中的各种评价的经历,使得三年级学生形成了能力的意识。因此,他们很看重对自己能力的评价,三年级学生普遍胆子大、敢尝试,为给人聪明的印象而积极表现。敢于尝试、追求聪明是引导三年级学生发展的主要方向和内在动力。如果没有合适的积极表现的机会,自我中心的争强好胜就会转化为攻击和冲突。不顾其他同学感受给同学起绰号,自顾自嘲笑同学来戏耍,想不到别人的伤害感受,常常因此引起争吵打闹。所以,在小学校园里,三年级学生往往是最不安分的。

三年级学生获得了最基本的语文、数学知识,他们有了一些前科学概念,不再完全局限于感知经验思考问题,但又未掌握系统的科学知识,未形成抽象思维逻辑。这些特点使得他们的思维可以引导推理,也喜欢远离现实的想象,在现实与想象之间遨游。三年级处于从感知经验思考向抽象思维发展的阶段,借用皮亚杰研究提出的概念,三年级学生处于从感知运算向形式运算发展的重要阶段。三年级

---

① 李晓文.青少年发展研究与学校文化生态建设[M].北京:教育科学出版社,2010.

的学生经常会说一些套话,自己没有什么体会,只是觉得说这些话好。这既是关注自我表现的行为,也是感知经验与抽象概念没有整合、夹生混杂的表现。与此有关的另一个比较明显的现象是,三年级是小学阶段最莽撞的年级。不会计划、不会考虑行动的后果。熟悉了校园生活,有了行动的经验,变得老练,但缺乏计划和考虑后果的能力。

针对这个阶段容易出现的问题,需要引导和培养合理性,让他们的表现欲望在行动中落实,避免浮躁,让他们在日常生活中学会有效地学习、合理处理问题。合理性是一生发展所需要的基本素养。合理性表现在个体自我调节方面,培养目标,调节行动:改变鲁莽毫无目的行动,明确目标,选择合适的方式,在行动过程中注意根据目标不断调整。这样的目标导向行动是与效率意识结合在一起的。目标导向行动和效率意识非常重要,在目前中国普遍存在着这些问题。这与独生子女生活自理差,包办太多;应试心理、机械学习、忽视动脑等不良教养影响有关,需要我们加倍关注。目标导向能力包含自动化的行为调节,不是认知学习,不能靠教来培养,必须在需要目标导向行动的实践中去学习,养成与行为习惯结合的意识。提供目标导向行动的机会,指导有效活动,调动了他们个体化发展的势头,并且引导他们转化弱点、形成发展。

进入少年期的三年级学生,具有介于感知经验思考向抽象概念思考转折之间的认知特点,这决定了他们对既具有丰富的想象性又具有一定科学道理的探索感兴趣。所以,他们会喜欢阅读科学幻想类、斗智类、探奇类的故事。阅读这类书籍会给他们智慧挑战的兴趣,也会让他们接触科学知识、建立动脑筋解决问题的意识,促进思维发展。

由于发展的阶段性特点,三年级学生具有较强的游戏探索潜能,特别适合于集体探索性活动。一方面,在游戏中学习合作对三年级学生不是那么困难了,他们会体验到其中的乐趣,也有了尝试创造的潜能。另一方面,集体尝试探索的活动也为学生们学会交流协商,创造了条件。低年级学生的活动简单操练多,需要协商少。因为简单操练的合作不大会产生不同观点。合作尝试创造游戏会冒出各种各样的想法,也会产生冲突。如果各行其是,就没法一起活动。因此,在这样的活动中,能够学会恰当表达自己的观点,改变自说自话的状态,学习有效解决冲突。

二、适合三年级学生发展的阅读和整合性教学

一项对 4000 名二至九年级学生的调查发现,[①]三年级学生观看电视节目的兴趣最低(见图 1),结合他们对节目类型的选择比例(见图 2),可知三年级学生与二年级学生主要观看的电视节目是儿童节目。这说明,看电视兴趣的下降与兴趣变化有关,三年级学生已经不喜欢幼稚的儿童节目了。也就是说,三年级学生缺乏合他们胃口的节目。他们不再是年少的儿童,进入了少年期,需要有适合他们成长的文化资源。

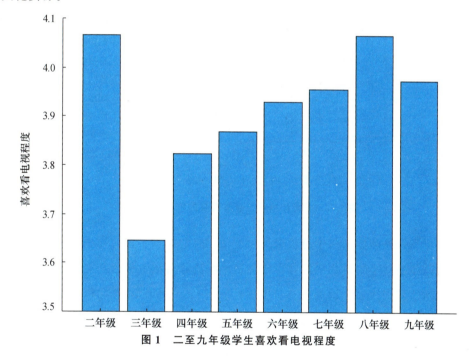

图 1　二至九年级学生喜欢看电视程度

科学童话、知识童话、科学家小时候的故事等,把科学知识、童话风格结合起来,既有科学的启迪,又有童趣美感,涉及的科学知识在生活中可以感受得到,很容易唤起儿童对大自然的兴趣。三年级学生具备了一定的阅读能力,又普遍具有较强的好奇心,容易对这些故事产生兴趣。尤其是,三年级开始,学习难度增大,一些

---

① 李晓文.青少年发展研究与学校文化生态建设[M].北京:教育科学出版社,2010:141.

学生学习成绩会下降,受挫会使部分学生学习兴趣和自信心下降。这时候,特别需要激活他们智慧挑战的兴趣和勇气,让他们阅读有趣的科学童话,接触认识世界的科学眼光,感受科学家的强烈好奇心和探索精神。自信和兴趣难以靠外力推动,需要来自自身的感受。自信和兴趣对三年级学生会有多重作用:提高阅读能力、重新认识学习、促进思维转型。

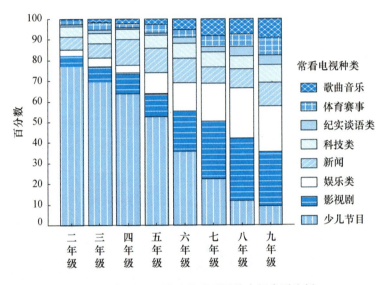

图2 二至九年级学生最常观看的电视类型比例

教材和课外阅读书籍中有很多科学童话,如《北风和小鱼》《冰面下的小鱼游得欢》《棉花姑娘》《小蝌蚪找妈妈》《蚕宝宝》《小水滴旅行记》《尾巴功能》《植物妈妈有办法》《冰熊》《寄冰》《乌鸦喝水》《灰尘旅行》……还有不少蕴含着科学道理的成语和故事,如《刻舟求剑》《狐假虎威》《捞铁牛》《曹冲称象》《律师林肯》《智烧敌舰》《火烧赤壁》《牛顿在暴风雨中》……还有一些益智故事,如《阿凡提》《聪明的女主人》《跳水》……因为包含多方面的引导性,这类故事需要采取更为活跃思考的方式来加深理解和印象。

三年级学生可以进一步用表演来交流阅读。但是,这些故事往往人物角色和对话不多,知识性增强。即使不包含科学知识的传统斗智传说,也反映了特定社会状态和事理、反映了人们的美好愿望,理解这些故事意味着走进一个新的知识空间。如二年级那样只是表演对文本语言的理解是不够的。一方面,在没有深入理解的情况下,难以合适地表演,而且三年级学生喜欢搞笑、喜欢抓人眼球,会模仿电视上看来的动作话语编排情节。因此,他们容易产生一些脱离文本的表演。脱离文本的发散不利于提高阅读能力,不利于促进思维发展。另一方面,故事中的科学知识也未必适合通过表演帮助理解,因为它包含着更多需要思考的东西。因此,当文本知识性增强时,需要采取一些合适的方式,设计一些有助于理解的教学形式来提高阅读理解能力,拓展新的视野。

也就是说,随着文本难度提高,要求多层次理解。疏通文本语言,就文本提供的信息形成文本语义认识,还只是浅层的加工。深度加工是理解文本涉及的知识,这需要将文本呈现的信息与文本之外的科学知识或社会规则联系起来。组织学生们提问,引起大家围绕重要的问题进行讨论,是进入深层次理解的一种手段。阅读思考故事所述情节的原委,交流各自的理解,在老师的帮助下学习其中的道理。不过,三年级学生的经验有限,对于一些蕴含着科学道理的故事,仅仅依靠语言也不足以支持他们形成理解,需要提供更为直观的感受。

借助科学知识及简单器皿做小实验,能让学生直观了解其中的规律。因此,可以将阅读、表演和实验、分析结合起来。这种方式在科学学习意义上提供了布鲁纳所说的螺旋课程——以适合于儿童的方式,学习科学知识。比如,《捞铁牛》《曹冲称象》《刻舟求剑》《乌鸦喝水》等故事,都涉及水的浮力知识,可以用水桶或脸盆盛水,里面放不同体积或不同重量的物体,当场实验,让学生们观察分析,结合课文进行讨论,感受故事所讲述的人物智慧和童话成语的寓意。有些故事中蕴含的自然规律在生活中随处可见,可以设计小实验,让学生分组观察。比如,阅读《智烧敌舰》,可以让学生们在一张白纸上画个圈,一起用镜子折射阳光聚焦这个圈,观察白纸上这个圈的变化。阅读《小水滴旅行记》,可以让学生们观察冰箱冷冻室拿出来的食物的外表变化,观察开水倒进水杯后的现象。古代留下了不少与观天象预测天气设计智取的故事,如《火烧赤壁》《草船借箭》等,这些故事有很开阔的探索空间,可以与影视结合,理解计谋中的道理;还可以指导学生查阅相关书籍里的天气谚语,尝试根据谚语观察天象、预测天气。这可以感受古代人们对客观规律的观察探索智慧。

中国流传下来的一些智慧故事适合于少年阅读,其中的道理往往与自然界的经验紧密相连,容易激活经验去联想和理解。此外,这些故事是综合性的,从中能够了解历史人文,不仅可以培养思维,还可以产生归属价值的体验。尤其是三年级学生,他们的个体化表现与个体历史感有关,因为产生了朦胧的历史感,凡与个体归属关联的价值事物,如在展览馆见到家乡的名人,就会兴奋地大呼:他是我们这里的人!当他们了解中国那么早就有了不起的发明创造,中国地大物博,有那么多的名胜古迹时,会为自己是中国人而自豪。也就是说,三年级的成长改变了之前只局限自己当下的感知思考体验的状态,这即是处于感知运算向形式运算发展的中间状态的现象,他们在心理学家勒温所言的"时间透视感"能力方面有了明显的发展。所以,他们会关注和想象与自我价值有关的事物。引导三年级学生感受与家乡和国家有关的直观的事物,除了名胜古迹、民族英雄,还有传统节日中的习俗、传统的游戏,都容易被他们接受和内化,有助于建构和强化少年们自我同一性的国家民族家乡定位。这样的定位是一个人的根,会给他们以实实在在的归属感,长大成人后会促使他们形成家乡和国家的责任感,这是个体不断自我超越的强大的动力。

三、培养目标调节行为

三年级学生想要积极表现,又不知道如何聪明地行事。这是一个自我调节发展的契机,也是个岔道,走得好,学会用脑子做事;走不好,总是漫无目标莽撞行动,很容易失败。撞墙多了,就会变得不敢行动,或者空口说套话,或消极退缩。因此,在这一时期,教师特别需要扶助他们成长。

个体的自我调节是不断发展的,每一个年龄阶段养成一定的意识和能力。生活中,只要是完成具体的任务,哪怕做一件不起眼的事情,只要是对事情的结果有要求、有预期,做好这件事情就必然包含着目标导向的行动:朝预设的方向行动,监控自己的行动,按一定的顺序行动,每一步达到什么状态,离目标有多远,下一步做什么,是否需要调整行动方式。幼年主要在游戏中、简单的生活自理活动中学习自我调节。幼儿自己拿玩具、玩玩具、刷牙、洗脸,都是有目标导向的行动。一旦注意监控没跟上,游戏就半途而止了。稍微复杂一点的活动,比如,搭积木、洗澡,需要计划,也会随时调整。目标是方向,行动具有灵活性。

入学后,理书包、做作业和打扫卫生等活动,都是目标导向的行动。较复杂的活动在计划性和过程的监控调节方面涉及更多能力,这些能力对于个体自我发展极其重要。如今,有些孩子从小被包办太多,进入学校后会出现更多的适应问题。关注他们,通过学习生活的自理规则的训练,可能帮助早期自理缺失的孩子得以弥补和纠正。对于儿童,只要让他们融入集体,集体就会对他们产生超过个体的动力。因此,对于儿童,班集体活动是改善和促进他们发展的最好的干预环境。除了日常生活的自然训练,还可以对三年级儿童进行具体的目标调节行为训练。比如,可以要求学生制订日常作息计划。老师根据学生的情况,教大家从哪些方面考虑,学生可以根据自己的情况设计计划。上海市华坪小学的孙秀庆老师是音乐老师,她担任三年级班主任期间曾组织学生们进行"我的生活我设计"活动。孙老师带领大家讨论计划,然后提出系列计划。下面是不同水平的作息计划,孙秀庆用音乐音符给计划命名。[1]

1. do 计划

(1) 在家长的多次提醒下,能够完成作业。

(2) 每天用 5 分钟左右复述语文、英语、数学课上课的重点。

(3) 每天做家庭岗位工作;在家长的督促下可以理书包。

(4) 早晨准时起床( );晚上 9:30 左右睡觉。

2. rei 计划

(1) 家长的提醒不超过三次,能够完成作业。

(2) 每天用 5 分钟左右复述语文、英语、数学课上课的重点。

(3) 每天能够看课外书。

(4) 每天能够读英语。

(5) 每天做家庭岗位工作;自己理书包。

(6) 早晨准时起床( );晚上 9:00 左右睡觉。

3. mi 计划

(1) 家长的提醒最多两次,能够完成作业。

(2) 能复述语文、英语、数学课上课的重点。

(3) 每天能够看 20 分钟课外书。

---

[1] 李家成,王晓丽,李晓文.学生发展与教育指导纲要[M].桂林:广西师范大学出版社,2009:177—179.

(4) 每天能够读 10 分钟英语。

(5) 每天做家庭岗位工作；自己理书包。

(6) 早晨准时起床（　）；晚上 9:00 睡觉。

4. fa 计划

(1) 能够独立完成作业。

(2) 能复述语文、英语、数学课上课的重点。

(3) 每天能够看 30 分钟课外书。

(4) 每天读英语 20 分钟。

(5) 每天做家庭岗位工作；自己理书包。

(6) 早晨准时起床（　）；晚上 9:00 前睡觉。

(7) 每周能够做课外题目。

可以看到，音阶越高，难度越大。学生们可以根据自己的情况选择计划。这样的活动具有整合教育作用，计划设计本身既能培养自我意识和自我调节能力，又是思考和表达能力的训练。这是一个系列性的活动，既是集体合作，又是个人选择，作用比家长的唠叨要强得多。活动过程中发生的事情：如何克服困难获得进步，家人的反应和帮助，同学之间的相互影响和帮助，都是进一步交流的好材料。这些材料是儿童文化创造的素材，可以采取小品、快板、故事等方式表现。交流是语言表达能力的训练，又是反思、强化提高的机会。

按课程标准，三年级开始学习作文。作文写作既促使学生语言表达能力跨越式进入更高层次，也为自我调节能力的发展提供了一个阶梯。作文需要构思，作文过程要依靠计划和监控等高级心理机能的活动，这些活动都是内隐于脑子里的，难以直接模仿，学习起来难度就比较大。心理学界有一个人类发展的社会发生原则，有学者将之称为"Janet-Vygotsky"法则，这一法则指出了高级心理机能培养的规律：[①]

> ……儿童文化发展中的每一种机能都要经历两次发展——首先是在人与人之间的社会关系中发展，然后是在个体心理内部的自我组织系统中发展。

这一法则的重点在于阐明高级心理机能的起源，这是一个社会互动的产物。

---

① 〔美〕J. 瓦西纳. 文化和人类发展[M]. 孙晓玲，罗萌，等译. 上海：华东师范大学出版社，2007：57.

而且高级心理机能一旦建立,就开始调节较低级的心理机能。也就是说,高级心理机能的内化不是单向发生的,是在学习活动的人际互动之中形成的。先有一个外部可见的在人际互动中的学习活动,然后转化为自我调节的心理活动。

四、作文学习的困境和条件

写作过程中,个体触摸自己的思想情感,把它们变成可交流的语言,有条理地表达出来。在这个意义上,写作过程是心理活动的外化。外化不是简单地呈现,需要加工:围绕每个主题,有条理地表达出来。这一过程,需要用自己的心去"看"自己的感受,抓住自己最强烈的印象,设计一定的线路,把印象转换成语言写出来。感受与语言结合起来时,语言才会变得生动而流畅,感受才会变得强烈而明晰。可见,作文过程承载并且推动着心理活动,在这个意义上,作文学习是让学生学习做自己心理的主人。走进自己的心理世界:审视和整理,提炼和修饰。所以,有效的作文教学既培养训练着学生的语言能力,也促使他们丰富思想和情感,发展自我意识和调节能力。

三年级主要学习叙事作文。最常用的作文教学方式有看图作文、活动作文、半命题作文等。看图作文,是给学生一幅图或多幅图,用图提供给学生作文素材。要求学生描绘一个场面或讲一个故事等。活动作文通过活动给学生提供作文素材,要求学生把活动中的人和事、活动场面和过程写出来。半命题作文通过命题提示写作素材。很多学生害怕作文,这些形式的教学哪一种他们都不喜欢。比如,学校组织春游,这本来是受欢迎的活动。但是老师说,春游过后要写作文,注意观察春游过程中的人和事。听到这样的任务,学生会异口同声发出一声长叹。如果家长带孩子游览有作文要求,有的学生为了避免这份苦差事宁愿放弃游玩。

学生作文教学中反映出来的问题,是洞悉作文学习心路的窗口。作文教学限定性地提供了写作素材,但学生并不因此而降低作文的困惑感,这些素材并没有让学生感觉到哪是可以写的内容。即使这些限定的素材引导出一些联想,很多学生写出的话也是生硬空洞的。这表明,提供给学生素材的方式不能诱发他们的感受。没有感受硬写作文自然难,而且无趣。显然,作文的外化需要内在的基础,要有"感",才有可能去学着"发"。

为让学生有感而发地学习写作,从三年级起,我们建议文馨小学的老师布置学生随心所欲地写生活随笔。阅读最初的随笔,可以看到学生们学作文存在的主要问题。其一,从不成文的随笔可以看到,这些学生日常生活中有很多可以成为作文素材的内容。可见,学生们缺的不是素材的来源,而是不知道如何把生活事件变成作文的素材。其二,随笔句子不通顺,好多错字,还有好多字不会写。说明他们文字不熟,不会组织语句。这与书面语言表达实践过少有关。其三,日常作文都要求成篇,写一篇作文花时太多,对随迁子女尤其如此。语言基本能力的薄弱阻碍了学生顺利投入写作,也导致对写作没有信心和兴趣。信心兴趣的缺失进一步成为他们学习写作的心理障碍。

消除学生对作文的恐惧心理,让学生从作文学习的困境走出来,首先需要改变作文教学中的把作文素材感受与写作能力训练割裂的现象,改变为写而写、为写作而活动的作文教学观念,破除脱离具体内容的作文指导程式。在初学作文时,学生尚未建立生活中捕捉写作素材的意识,感受缺乏与语言的关联,这时候最需要有建立感受与写作有机关联的教学场合,设计能够让学生全身心投入的教学活动,解除为写而写造成的心理负担,让他们对所要描述的现象产生实实在在的感受,形成有感而发的心理趋势。

五、游戏作文教学

针对随迁子女写作文时存在的心理和实际问题,我们尝试从游戏活动入手,探索适合于初学作文的三年级学生的教学方式。哪个年龄段的人都喜欢游戏,儿童更是如此。从游戏起步为学生创设了轻松愉快的学习氛围,能吸引他们全身心地投入学习,忘掉作文的可怕。为了参与游戏,儿童愿自觉遵守游戏规则、克服个人种种困难与玩伴友好合作等。教学活动促使学生从喜欢游戏、体验游戏乐趣到生发表达交流的欲望。游戏作文将游戏体验、观察指导、表达交流融为一体。

(一)游戏让每一位学生有感

儿童游戏种类很多,用于作文教学的游戏是需要选择的,至少要符合以下两个条件:第一,是学生熟悉的、最喜欢玩的。这样,既能激起学生兴趣,又免去许多解说的时间。第二,是全班学生都能参与的。既可以全班一起玩,又能分组玩。

教学设计要考虑如何让学生有创意地玩,玩得开心,产生强烈的游戏体验。为此,必须摒弃少数人游戏、多数人旁观的游戏方式。观看游戏和亲身参与游戏时的心态和情绪是完全不一样的。没有被选中,只能旁观游戏,会产生被忽视的遗憾和失落感,而且难以产生真切的游戏过程的体验。观察别人游戏,只能跟随别人的活动反应,只能通过表情动作来猜测别人的感受。亲自参与游戏过程,经历其中的尝试、冒险、顺利、兴奋、紧张、得意……种种变故和随之带来的复杂心情和情绪变化,没有直接参与,无法有那么深刻强烈的感受。感受于胸,写作不再是强迫性的任务,变成了抒发的机会。选择其中一些,用文字记录下来,成就了当前的作文,也让思想开窍、情感丰富。

(二) 动态观察挑战

无疑,参与游戏是一件开心的事,但是,作文教学任务要求此游戏与日常的游戏不同。无论在设计教学和还是在游戏过程都要明确教学任务,给予学生合适的指导。游戏作文教学中,观察非常重要。学生对游戏过程的身心活动的观察,根据自己的感受,从特定角度展开。观察既是作文素材收集的活动,更是作文写作思路的组织。所以,观察指导是游戏作文教学的重点。然而,如果没有足够的思想准备和精心设计,游戏过程中的观察指导很容易落空。

游戏教学开始时经常会看到这样的现象:游戏开始前,教师提出了几条注意事项,要求学生一定要注意观察,学生们确实也认真点头应诺老师的要求。可是,游戏一开始,学生们全神贯注的是他们正在做着的游戏,早把观察要求丢到了脑后。即使老师,也会被游戏吸引,忘记了教学任务。待到游戏结束开始交流时,学生们大眼瞪小眼,不知说啥好。因为师生沉浸于游戏时,注意力完全被吸引,无暇顾及其他的活动。因此,游戏作文的观察活动不能按部就班地执行游戏前布置要求、游戏后开展交流。

尝试过程的乱象再次表明,观察是一个高强度的认知加工活动,需要有目的、有条理地筛选和关注。游戏中的观察,与之前的观察活动又不同。这是在动态活动过程中形成的观察,需要随时注意自己在游戏活动时对特定状态的体验。观察的对象是变化的活动,体验也是不断变化着的,活动状态和体验只是瞬息的稳态,没有思想准备进行选择性的注意,极难留下清晰的印象。早年哥本哈根大学做过一个动态活动注意方面的心理学实验。一次在哥本哈根大学开心理学会议,开会当中突然闯进来两个人,一个人在前面跑,一个人拿着枪在后面追。所有与会的心理学者都吃惊地看着他们。这俩人混战了一会,跑了出去。会议主持人立即请大家写下刚刚见到的情形,交给主持人。因为这俩人的活动程序是事先排练好的,大家写的回忆可以与之进行比较。结果发现,几乎没有人写出来的是完全正确的,有不少人主观臆造一些细节。这些心理学研究者在全神贯注的情况下也难以仔细观察动态变化的事物。

　　动态过程的观察与静态事物的观察在心理加工方面有很大的不同,这不是单一观察客观事物,而是对自己与他人身心活动的观察。如果说,表达静态的观察需要对自己的外物有条理的感受的意识。那么,动态的观察就需要对自己活动过程的感受的意识。活动过程的感受主要是对自己和相关人的行为和表情的体验,这些是交织一起不断变化着的外显和内隐的观察对象。虽然比静态事物复杂得多,但并非杂乱无章,主体的活动感受影响观察的选择和展开。也就是说,动态的观察以自己的感受为主线,串联外显的活动和相关人的感受。动态的观察意识范围大得多,意识分配灵活得多。成人在没有准备的情况下,难以选择性分布自己的意识点。儿童尚未形成同时意识自己的活动和相应的感受时,更会顾此失彼,只陷入当下活动,难以意识自己对活动的感受。学习观察是学习有条理地收集素材、构思作文。动态活动中有条理的观察是构成记叙文写作的主要脉络。因此,指导学生游戏过程中的观察活动,是学习作文非常重要的一环。

(三) 游戏作文教学环节

　　游戏作文教学随游戏体验及观察而展开。整个游戏教学过程大致包括三个环节,每个教学环节都包含着对游戏的感受、观察和交流表达活动。各个环节教学活动的重点不同。第一个环节的重点是:指导对游戏活动及其体验的观察与讲述;第二个环节的重点是:让学生在游戏中体验与讲述;第三个环节的重点是:口头表达转为书写表达。

　　第一个环节,先请部分学生做游戏示范,大多数学生做观众,观察游戏。游戏结束,分别请观众和游戏示范的学生讲述各自感受的游戏过程。在描述交流过程中,老师点拨指导,补充介绍自己对游戏活动的观察描述。然后,带领大家归纳观察的角度和表达方式,比较不同角度和表达的特点。接着,进一步分组做观察表达的练习性交流,要求大家表达清楚、语言通顺。这是为书写铺垫。在学生基础较差的情况下,作文学习需要有一个过渡,从练习口头表达到练习笔头表达。

第二环节,以小组为单位当场开展游戏活动。这样保证人人参与游戏,经历游戏过程,体验游戏特定角色的感受。在小组游戏开始前,先要以示范游戏为参照,协商分配游戏角色,讨论明确游戏规则。每一个学生都明确自己和别人承担的角色,以及各自在游戏过程中的活动要求。然后,按照游戏的要求站好位置,开始游戏。游戏后及时讲述游戏过程、游戏中的趣事,交流各自的感受。这是对第一次观察、体验、表达成果的巩固、补充。

第三环节,书写游戏作文。要求大家根据游戏过程的感受,选择一个角度,思考表达的线路。然后,静心写作,把过程、感受、欢笑用笔记录下来。

游戏作文的基本课型结构见下表:

表 2 游戏作文的基本课型结构表

一、导入、激活
老师宣布游戏内容和基本游戏规则,激活学生游戏热情。
二、观察示范性游戏
少数学生讲台前做游戏,多数学生观察。说说游戏内容、过程,交流游戏过程中同学及自己的感受。
三、游戏体验
全体学生分组协商游戏规则、分配游戏角色;游戏结束交流游戏过程状况和感受。
四、写作
自选内容当堂写片段作文,教师巡回考察与指导。
五、交流讲评
选择有代表性的同学宣读作文片段,师生简要点评。

(四)游戏作文练习原则

第一,初学时,尽量减少写作压力和挫折,激起学生写作的兴趣。

为此,开始学习作文以写段为主,写作内容和篇幅让学生选择。可以选择游戏的片段,也可以是游戏中的一个趣事。可以是游戏中同学的表现,也可以是游戏中自己的感受。可以用一段话描述,也可以用几句话描述。

游戏作文教学设计要留出当堂写作的时间,让学生可以大致写出想写的内容,不增加学生课外负担。同时,学生当堂写作时,老师可以巡视,发现学生初学写作中的疑难,当场给予指导,帮助学生解决问题,顺利学习写作。上游戏作文课,对老师把控课堂教学时间要求很高。如上文所说,课堂中,学生和老师都有可能被游戏深深吸引,忘了观察和表达任务,大家玩得很痛快,等到清醒过来时,课堂时间已经没有了。因此,游戏作文课上,老师要始终保持清醒,不忘教学任务,尤其要给学生留出课堂书写时间,保证学生在堂内静心写作,基本完成写作内容。

初学写作侧重于鼓励,老师对作文暂不评分,以评点为主。宣读好的作品,表扬进步的同学,研究提高的策略。慢慢地帮助学生建立写作的兴趣和信心,建立起写作锻炼能力的观念。

第二,为了帮助学生想清楚内心感受,顺利过渡,扎扎实实学习作文,教学要从以下几方面逐步递进:

表达方式从口头表达练习到书面表达练习阶梯式逐步递进。教学时,先让学生自言自语表达,再在小组表达交流,或在全班表达交流。然后,进入笔头写作。写作篇幅从段落写作到整篇写作逐步递进。表达练习时,先把部分说清楚,再连起来说整体,表达风格从要求实体白描到要求生动修饰性的描述。先要求学生把游戏中的活动轮廓说清楚,再添加生动的表情、感受的精致描述。

第三,让学生在自然的有感而发的实践中提高作文写作兴趣和能力。可以从两方面进行:

其一,在一个阶段连续进行游戏作文教学。随着游戏作文实践积累,逐步形成动态观察的多种角度和各种水平的描述。文馨小学郑华生老师在一个学期里,上了多次游戏作文教学课,见下表:

表3 游戏作文教学表

内容	要求
猜猜他是谁	观察描述同伴的动作和表情。
画鼻子	观察表达画鼻子过程、学生的动作和心情。
吹泡泡	观察描述吹泡泡的动作,泡泡的形状和变化,吹泡泡的过程、心情。
丢手绢	观察描述游戏活动过程、自己或同学的表现和兴趣。
飞纸飞机	观察描述纸飞机飞行状态,同学或自己投纸飞机的动作、技巧和兴趣。
老鹰捉小鸡	观察母鸡和小鸡的活动、游戏过程的心情。
猫捉老鼠	讨论游戏规则,观察描述游戏中捉和逃的机智。

其二,从课内到课外,从游戏到活动。通过游戏方式帮助学生走出作文第一步。接着,作文从课内走向课外。鼓励学生日常写生活随笔(详见五年级),不限定内容、不打分,只做点评。通过写随笔,进一步锻炼学生的观察、表达能力。学生们在生活中观察描述,写作成为平常的事情,不再惧怕写作。不少学生一周写几次随笔,写作兴趣高涨,观察视野开阔,语言表达也流畅许多。

六、课外阅读课内指导

一个少儿图书馆曾作过统计,小学生借书100本中,《虹猫蓝兔七侠》高居榜首。6—10岁儿童最爱书籍依次为侦探、历险、魔幻类书《第101个恶魔射手》,青春校园书《天真妈妈》《轰隆隆老师》等。80%学生阅读过《哈利·波特》。《格林童话》《安徒生童话》等童话已不受学生欢迎。历史、哲理书籍少有人问津。

通常,三年级学生可以到学校图书馆自主借书,为此学生很兴奋,但是在图书馆呆了很久,借来的书往往不是自己十分乐意阅读的,所以,指导三年级学生学习利用图书馆,知晓图书馆的借书章程、方法是必须的。此外,借什么书同样要指导。明强小学谢昕颖老师用阅读交流形式打开学生阅读视野:[1]

生:我喜欢科普类的书籍,"神六"发射成功,使我更向往宇宙了。所以,我看了一本《宇宙的奥秘》,通过阅读我知道了许多宇宙奥妙。我还要继续阅读这类书籍,继续探索。

生:我最近看了一本《十万个怎么办》,这本书中写了许多我们小学生学习过程中可能遇到的麻烦,其中有篇文章就说到考试时遇到难题怎么办?考完以后怎么办?怎么检查?这次考试我就运用其中的一些办法,取得了很不错的成绩。

生:我以前特别胆小,做事情总是不够自信,后来我喜欢上了看书,尤其看了许多人物传记。我发现许多著名科学家小时候学习中都遇到过许多困难、挫折,在一次次失败后总结经验,在经历无数的磨难后取得成功。所以,我也变得自信起来。我想,只要能够坚持,以后就一定可以成功。

---

[1] 吴玉如.中小学生语文能力培养与实践[M].福州:福建教育出版社,2014:352.

三年级学生阅读量大了，阅读速度快了，甚至一目十行、走马观花，但不少学生感到阅读后容易遗忘，并为此苦恼。因此，指导三年级学生写读书笔记就提上了日程。读书笔记没有特定模式，根据三年级学生实际水平，开始阶段宜采用两种形式：摘精彩、写心得。"摘精彩"是摘录读物中突出、有趣的事件，有价值的语言，精彩的词句语段，目的是帮助记忆，积累素材、学习语言。"写心得"是写下自己的读后感受、启迪，目的是帮助思考。

写读书笔记有许多好处，但是三年级小学生难坚持，有的小学生为了怕写读书笔记甚至不读或少读课外书。写读书笔记用时较多，为此老师不必要求学生每读必写，可以有选择地写。调动学生写读书笔记积极性的方法很多。比如，办班级读书小报，或展示学生读书笔记等，交流摘录的精彩语句、写心得体会、相互学习。上带有竞赛性的课外阅读课内交流课更能调动学生阅读积极性，提高阅读效果。

常州五星小学杨红萍老师的一堂课外阅读交流课非常典型，把学生课外阅读积极性充分调动了起来。课前学生认真阅读文字、观察插图，朗读并摘录精彩段落并在小组交流主题和感受。老师创造了"过五关"的形式，小组竞赛，在课堂上交流。第一关：说阅读作品的主要内容。先同桌互考，后全班抢答。第二关：研究人物，说说读物中主角和其他角色是怎样的人，用"因为"句式说判断理由。先说主角：某某是会感恩的，因为……某某是能勇于承认错误的，因为……某某是有责任心的，因为……某某是特别聪明的，因为……某某是有音乐天赋的，因为……说了主角再说印象深刻的其他角色，"还喜欢谁？"同学们根据自己的阅读，概要地讲述人物鲜明生动的特点。第三关：选插图讲故事。学生各人选一幅插图讲有关故事，先同桌讲，后老师指名讲，讲得流利可以为小组争得三颗星。通过讲插图，学生们明白了读一本好书，除了读精美文字，还可以欣赏其中的插图，把图和文字联系起来思考。第四关：选一个喜欢的段落，以小组为单位分角色朗读或表演。第五关：讨论作者表达的主题和情感。最后，请各人把读书笔记张贴在"交流栏"内进一步交流。交流课的过程蕴含着一本书的主要阅读要求。从交流课上学生的积极状态、流利讲述、深入思考看出学生把书读透了。

七、教学案例和点评

案例一

游戏作文《吹泡泡》教案

上海市闵行区文馨小学三年级　执教教师：郑华生

教学目标

1. 学生积极参加吹泡泡的活动，体验吹泡泡的乐趣，仔细观察吹泡泡，为写好作文积累生活素材。

2. 学生能以"吹泡泡开始了"为开头，把印象最深的、吹泡泡中所见、所闻、所想、所感写出来与大家分享。

教学准备

吹泡泡玩具。

制定目标依据

刚从二年级升上三年级，很多孩子最怕写作文，不知怎么下笔。我们班级的51个孩子当中，有一小部分孩子观察不仔细，上课不敢起来发言，写作文也是抓耳挠腮。这次采取游戏活动的形式，激发孩子的兴趣和表达的欲望，指导孩子认真观察、有序表达，再选择感受最深的内容写下来，锻炼孩子口头表达、书面表达能力，增强表达信心。

教学过程

一、谈话激趣，导入课题

导语：同学们，你吹过泡泡吗？你喜欢吹泡泡吗？今天的作文课是《吹泡泡》，让我们比一比谁吹的泡泡又大又多，谁吹的泡泡最有趣。

二、创设活动,引导观察

1. 游戏前提出玩耍与观察要求:

(1) 尽情吹泡泡,边吹边研究,吹出最高水平。一边吹一边留心观察整个教室的场面,并关注自己的感受。

(2) 观察自己和周围的几名同学,看看他们是怎样吹的?吹出来的泡泡是怎样的?像什么?

2. 请两名学生到教室前面向全体同学吹泡泡,注意步骤清晰。全班学生观察这两位同学吹的过程。

3. 指名学生说说吹的过程。

三、回顾过程,指导说话

1. 学习用上"先……接着……最后……"等关联词把吹泡泡的过程讲清楚。

(先个人自说,后同桌互说,再指名学生在全班说,师生点评,把过程说清楚)

2. 加上一些修饰性词语以及自己的感受,把吹泡泡的过程说具体、生动。

(先个人说,后指名说,师生点评、补充完善)

3. 描绘泡泡的样子。如:泡泡是什么样的?像什么?

(1) 出示句式:"这些泡泡有的像……有的像……还有的像……"练习说话。

(2) 当你看到这些美丽的泡泡时,你会怎么赞美它们呢?(真是美丽极了!多美啊!……)

(3) 把泡泡的样子和赞美的话连起来说一说。

(自由准备,指名说,师生评议、补充完善)

(4) 想象说话:这么多漂亮的泡泡,它们是怎么飘的?会飘到哪里去?干什么呢?

(自由准备,指名说)

四、课堂写作,作后评析

1. 先说后写。

以"吹泡泡开始了"为开头,选择自己感兴趣的内容(过程、情景、感受)写一段话。先说再写。

出示:吹泡泡开始了。_____。

2. 小组交流,评析互动。

五、学习小结谈收获

案例二

游戏作文《猫捉老鼠》教学实录

上海市闵行区文馨小学三年级　执教教师:郑华生

教学过程

一、告知教学内容和要求

T:今天我们玩一个新的游戏,叫"猫捉老鼠"。同学们以前一定都玩过这个游戏。以前玩这个游戏主要是放松、开心。今天玩这个游戏除了开心,还要玩得更聪明,学习把游戏过程、自己感受说清楚。所以,同学们要认真观察、动脑筋思考、积极讲述。

今天,这个游戏分两个阶段进行:第一阶段,先请部分同学上来玩,大家观察,看他们是怎么玩的,帮助出主意,使我们玩得更聪明。第二阶段,以小组为单位,人人参与游戏,人人体验游戏的乐趣,感受其中的智慧。看同学们的表情,一定喜欢这个游戏,一定有许多感受想和同学交流。时间有限,最后,老师只能给大家10分钟,把你们最想说的话写下来交流。

二、部分学生游戏,全体学生观察和讲述

T:先请每组来一个同学参加第一阶段游戏(共10个学生)。请一个同学扮演猫,两个同学扮演老鼠。其他同学手拉手围成圆圈,圆圈内是老鼠窝,同学之间的空档是老鼠出入的洞口。游戏开始,老鼠在洞内,猫在洞外。老鼠出洞,猫才能抓老鼠。座位上的同学要仔细看，猫是怎样抓老鼠的？老鼠是怎样逃的？注意观察他们的动作、神态、表情，还可以猜测他们的心理活动。

T：现在，游戏开始。

（每组推选一位同学上场，两位同学扮演老鼠，一位同学扮演猫。其他同学拉手成圆圈。游戏开始，两只老鼠一会儿跑到洞外，一会儿躲进洞内，非常活跃，猫抓到其中一只。之后，另一只老鼠躲在洞内，再也不敢出来，还做鬼脸激怒猫。猫怎么也抓不到老鼠，游戏无法继续）

T：暂停。这个老鼠太狡猾，再也不出洞。我们发现一个问题，老鼠在洞中不出来，大家有什么办法没有？

S：我们喊"老鼠老鼠快出来"，喊几遍以后，老鼠还是不出来，就算封死在里面了。

S：在洞口放块饼干，猫在洞口装睡觉。等老鼠出来吃饼干的时候将老鼠抓住。

T：引诱老鼠出洞。

……

T：好。我们先用简单的办法。老鼠长时间不出来时，围墙同学开始数数，数到10，老鼠还不出来，就算抓住。

T：游戏继续。

（两只老鼠在洞里活动，猫抓不到老鼠。猫在洞口放饼干引诱老鼠。一只老鼠出洞吃饼干时被猫抓住。另一只老鼠不吃饼干，也不出洞，猫仍然抓不到这只老鼠。于是，围墙同学开始数数，数到10，老鼠还不敢出洞，算饿死。游戏结束）

T：刚才我们玩了游戏、看了游戏，下面大家用几句话说说游戏。

S：这只老鼠太狡猾，猫抓不住他，他还不时在洞里扮鬼脸。

T：你抓住了老鼠的动作。

S：两只老鼠躲在洞里不出来，然后，扮演猫的同学拿了一块饼干放在洞口。结果，一只老鼠被抓住了。

T：这只猫非常——

S：机灵。

猫：那只老鼠简直太狡猾，竟然在我不注意的时候伸手拿饼干。

T：猫说出来心里的感受。

S：另一只老鼠也很狡猾，他出洞看见猫来了就躲进洞，从另一个洞口出去，猫来了，他又躲进洞。

T：说出老鼠的狡猾。

S：另一只老鼠太狡猾，他看见一只老鼠被抓住了，就躲在洞里再也不敢出来。

T：是一只——

S：胆小的老鼠。

T：有没有说猫的？

S：猫太机灵了。想出调虎离山之计，用一块饼干引诱老鼠，老鼠因为饿得不得了，就去拿饼干，老鼠刚去拿饼干，猫就过去抓住了他。

T：他把机灵的猫说得非常清楚，用引诱的办法。

老鼠：我是老鼠，我走到左边，猫跟到左边，我走到右边，猫又跟过来。我走来走去，猫跟来跟去，但是还是没有抓住我。

T：这只老鼠狡猾，说出对猫的看法，说猫很笨。

S：一只老鼠太胆小了，看见猫来了，撒腿就跑，躲进了洞。

T：抓住了一个词——撒腿就跑。有没有说猫的神态的？

S：猫捉老鼠的时候，眼睛一直盯着老鼠。猫抓不到老鼠火冒三丈，气得直跺脚，最后老鼠被猫抓住了，很高兴。

T：说得非常好，把猫的生气说出来了。用了"火冒三丈""盯着"等词语。

S：扮演猫的同学眼珠一转，想出一个好办法，用饼干吸引老鼠出来，趁老鼠不注意的时候，扑过去把老鼠抓住。

T：眼珠骨碌一转。刚才演老鼠的同学什么心情？

老鼠：我心里很紧张。当同伴被抓住时，我急得像热锅上的蚂蚁直打转。

猫：我开始抓不住老鼠，心里紧张，后来不紧张了。

T：刚才我们大多数同学都在看别人游戏，看的时候不仅注意了游戏过程，还注意了游戏中人的动作、表情，分析他们的心理，看得仔细，说得具体。看的同学和玩的同学一样开心，对不对？

S：对！

二、人人游戏，个个体验与讲述

T：当然，看别人游戏毕竟没有自己亲自参与游戏开心，亲自参与游戏，体会会更深刻，心情更愉快。下面我们都来玩玩这个游戏，要不要？

S：（响亮地）要！

T：有一点要说明，不要玩的时候只顾玩得痛快，忘了观察和体验。有一种现象，有的同学玩的时候，只顾玩，忘了观察，结果就会，玩后交流时什么也说不出。所以，老师再次提醒大家，游戏过程中别忘观察。下面以小组为单位开始游戏。

（老师为各组安排游戏地点，保证游戏时互不干扰）

（各小组游戏。学生玩得很开心，也很有创意。例如，捕捉老鼠的办法就很多。有的用数数的方法把不肯出洞的老鼠封死在洞中，保证游戏顺畅进行；有的用唱儿歌的方法封死老鼠；有的猫干脆直接钻进鼠洞抓老鼠……）

T：大家玩得很尽兴。现在把你们玩的体验、观察所得在自己小组内交流一下。交流前建议自己先想一想，准备交流什么内容，并整理一下自己的思路，用一段话把自己最感兴趣的内容说清楚。

（同学们在小组内热烈交谈自己的观察与感受）

T：现在全班交流一下。

S：我扮演老鼠。猫用了调虎离山之计。他以为我会上他的当，向前面洞口跑去，他就在前面洞口等着。但是，我是向后面洞口跑去，他的调虎离山计废了。后来，我没有找到食物，就回洞了。结果，围墙同学喊起口号，我被饿死了。想想真可悲。

S：我扮演围墙，我看见猫老盯着老鼠看。他先抓狡猾的老鼠，再抓不狡猾的老鼠。

S：我扮演猫，老鼠太狡猾，看见我来撒腿就跑。后来，我以为一只老鼠要从后面跑出来，就守在后面洞口，结果，没有抓住。

……

三、练笔

T：这节课同学们玩得很开心，也积累了很多说和写的素材，有静心观察他人游戏，有亲自参与体验游戏。下面给大家10分钟，各人把最感兴趣的内容写下来。要求：内容具体生动、语句通顺、字迹清楚。

（学生专心写作。10分钟时间到，不少学生虽然写了百字左右，但因为要写的内容还有许多，仍然在争分夺秒地写着）

T：先请写好的同学读一读写的内容。

S：我是扮演猫的。老鼠太狡猾，一会儿跑出洞，一会儿跑进洞，我的眼睛都看花了，还是抓不住他们。所以，我想了一个办法，把一块饼干放在洞口，吸引老鼠出来。果然，一只老鼠出来吃饼干时被我抓住了。后来，我还是用这个办法想吸引另一只老鼠，可是，我的办法失灵了。最后，还是没有抓住另一只。

……

【评："游戏作文"是通过游戏为学生提供写作素材，这是作文教学常用的方法之一。通常有两种做法：一是，少数学生游戏，多数学生看，然后在老师组织下交流，最后命题、作文。另一种做法，是让学生先人人参加游戏，然后在老师组织下，回忆游戏过程，交流感受，甚至列出写作提纲，再学生作文。相对命题作文，游戏作文很受学生欢迎。因为用于作文的游戏一般是学生熟悉的、永远玩不厌的，把它作为作文来写，无疑为学生解决了无话可写的难题。更重要的是，游戏过程中学生十分开心，没有思想负担，学习积极性高涨。

虽然游戏作文不是新课题，但是，游戏作文教学达到有效不那么容易。学生不一定能把游戏写具体、写清楚。主要原因是教学设计困难，观察指导不到位。游戏过程中学生太开心了，整个身心都在玩，没有意识，或没有余力去仔细观察游戏过程中的人和事。加之写作要求不合适，要学生写全过程，写出成篇文章。课堂时间不够，老师就让学生课外完成。要求高、难度大，还要占用学生的课余时间。学生见到作文就头大,作文练习的质量也就可想而知了。

　　针对游戏作文中存在的问题,游戏作文教学过程分三步进行:第一步,少数学生游戏,大多数学生观看,要求仔细观察游戏过程,游戏中人物的语言、动作、神态等,随后老师及时组织交流,把过程说清楚,细节说具体、说充分,说不清楚的环节可以重复游戏,组织再看。这时,虽然大多数学生没有直接参加游戏,但他们看得同样开心,更重要的是在老师指导下观察认真、仔细,说得具体。

　　第二步,全班学生分成若干小组,每个学生参加游戏,放开心怀玩个痛快,充分感受游戏的快乐。游戏后老师同样及时组织交流,先在小组中交流,互相补充,再在全班交流。

　　第三步,课堂中留出足够的时间让学生及时把游戏中最精彩的片段或最强烈的体会感受写下来。只要求写段,不要求写篇,大部分学生能在课堂内完成。安静的写作环境、老师巡视指导,保证了写作质量,减轻了学生课外负担。】

四年级语文整合教学活动主题和案例

一、四年级学生成长潜能和发展引导

四年级学生在学校学习交往等各种经历形成了相对稳定的个性特征和能力，对自己在学校的状态形成了较清晰的认识。在课堂学习和班级活动中，四年级学生显得不再幼稚。上课时，他们不再用积极举手来表现自己。说话做事开始拘束，顾忌引起不好的评价。对于集体活动，他们不再习惯按班级规定的小组，喜欢自由组合。他们不再主动争当班干部，不再顺从老师指定的小干部。师长的权威性减弱，对老师的指令不再敬畏，与父母的交往风格也发生了变化，亲子之间的冲突开始产生。这些现象明确显示出独立思考的需要，加之知识经验和交往经历的积累，他们的抽象思维将要迅速发展。

最明显的是，四年级进入了青春期，好多女孩性生理发育了，部分男孩也进入早期发育。这带来了身体的形态变化，也会催化情绪体验的敏感性。随着对自己和对同学评价的稳定和清晰，四年级学生在同伴交往中出现了明显的选择，开始出现了一些朋友圈。选择性交往形成归属和满足自尊的作用。[①] 同学关系这时会出现亲疏距离，关系较近的同学之间有了悄悄话。生长激素分泌、交往状态变化，并且进一步促使情感体验发展。所以，四年级学生是小学阶段明显的转折，内在潜能蓄势待发。

成长倾向既是进一步发展的基础，也会产生明显问题，相当于岔道。这种岔道

---

① 李晓文.青少年发展研究与学校文化生态建设[M].北京：教育科学出版社，2010：154—163.

现象在各阶段都可能存在,但四年级恐怕更为明显。这是因为,四年级学生普遍对自己的能力有了比较明确的判断,理性思维尚未形成,认识容易浅表化,所以,会非常介意外在评价,自我防卫倾向较强。这个年级较易出现以下问题:

有些学生会与能力差或外形不佳的同学拉开距离,以此提高自我定位。有些成绩落后的学生会自卑放弃,或通过其他的"露脸"的方式形成不良行为,或者抱团获取力量。这会在班级形成同学之间的不团结、相互冷落。地位差异成为班级交往圈,与集体活动稀少、班干部局限在几个人有关。一般学生普遍参与集体事务的机会少,学生在班级里的地位就会悬殊。会有相当一部分学生处于集体的边缘,成为旁观者,甚至被集体冷落。有些学生会因为成绩差而一蹶不振,养成退缩性防卫习惯,不敢尝试和努力。这种情况下非正式群体之间会出现隔膜,相互冷落疏远以防卫维护自尊的趋势就会增强;与此对应,一些学生会注意到家庭经济条件和社会地位的差异,会对父母地位和家庭生活条件进行比较,产生炫耀或歧视现象。这些现象都蕴含着真善美的阴影和残缺,不懂得理想与平凡的关联、成功与日常努力的关联,不会在平常中感受美好。长远会造成产生错误价值,短期会导致缺乏勤奋的动力。

因此,需要干预,为岔路选择提供方向,引导发展行动。要通过集体文化建设让每一位学生参与,避免形成同学间相互压抑的小团体。通过集体活动来扩大学生的交往圈,缩小同学间的距离感;让每个学生实实在在地行动,感受平凡中的理想和成功。选择合适的读物,在阅读感悟中建立良好的价值。在这些活动中,学生的情感和思维也会得到开拓发展。

二、适合于四年级学生的整合性教学

1. 适合于四年级学生的活动主题

这个阶段的学生内心变化、交往行为转折性变化、交往关系变化是心理成长的表现。师长不再是权威,他们试图在同伴交往中界定自己,以同伴关系建立自我价值感,会出现同学之间关系变化,轻视一些形象不佳、能力落后的同学。也会意识到家庭经济条件和社会地位的差异,在同学之间攀比家庭。这些现象表明,他们开始注意人格特征,比较关注外显的表层的特征,容易受外部评价的影响。交往选择用于自我强化,这是一种价值选择,影响学生交往,也影响他们的自我调节。因为倾向于外表和肤浅,容易出现偏差。所以,需要引导人格特征和品性的认识,帮助他们作出自我发展的选择,为学生人生观、价值观发展奠基。

亲子交往遇到的问题和冲突较多。中国传统家庭教育对孩子有更多的扶持和更严的服从要求、更多的家庭担当和更高的期望。这些年,国际呼声较高的"以儿童为中心""无条件关注"等观点在中国传播,传统的教育观念产生强烈冲击,传统的家庭教育发生着改变。但是,文化背景不同,理解和演化都会有偏差。很多中国父母对关注的观念更多从物质化、实体化的意义去理解。加之多半为独生子女,很多家庭对孩子的期望更高,生活中给予孩子更多的保护和溺爱。因为缺乏对话能力,有些家庭延续着简单服从的要求,还有一些家庭对孩子比较放任。到了小学高年级,独立意识强烈,严厉家庭和放任家庭长大的孩子更可能追求脱离父母的管教,而父母往往顾不上关注孩子的独立需求。随着孩子长大,父母对孩子升学的焦虑渐长,唠叨增多,会经常出现亲子冲突。

走好关系转折第一步,要摆脱幼儿似的依赖,感受和理解父母带有瑕疵的关爱,要意识到自己长大,不能理所当然享受照料,也不要要求父母的付出必须是完美无缺的。外来务工者工作极忙,加之文化转型,家庭教育观念没有稳定的文化传递,较多人无所适从。时下,媒体有各种关于家庭教育的报道,较多宣传"以儿童为中心",大点的学生也会听说这类宣传。很多宣传舆论容易引导指责师长,成人也诸多误解,孩子们更难正确判断。课堂上我们看到,有学生义愤填膺地指责父母是骗子,原因是考试得了好成绩,父母没有兑现买礼物的承诺。四年级不是小孩子了,长大了、懂事了,应该能够体谅父母的辛劳。所有平凡的父母都会默默无闻地劳动,为了家庭和孩子不辞辛劳。他们对孩子的爱不仅体现在呵护行为中,也体现在他们养家立业的辛勤劳动中。体谅他们的辛劳,不只是学会关心父母,也是尊重劳动,建立起基本的人生价值观。

帮助学生们从单向被师长关心、帮助的状态成长,学着用平等的眼光来观察了解师长,认识平凡劳动的价值,体验普通劳动者的内在力量,在感触这些内在力量中形成对师长的尊重和爱戴。可以组织四年级学生观察身边平凡人的工作,父母、老师、学校食堂的师傅和园丁,观察他们如何尽心工作为大家创造便利。还可以要求学生们调查访谈,了解师长们的工作想法,如何对待困难,如何在自己的工作中获得成功和快乐,指导学生们把观察调查获得的信息写出来,进行交流。

还需要引导四年级学生主动形成新的亲子关系,可以交流与父母沟通的方法策略。学会体现亲子情意的沟通,体现长大中的孩子的特点:淘气中带着幽默,尊重中带着体贴,借助手机短信、纸条、卡片关心帮助的行为等,亲切含蓄地表达。同时,要让父母看到并了解孩子的成长和努力,观看孩子们的活动。尤其需要在毕业之前建立起新的亲子交往风格。否则,到了毕业的时候,家长担忧焦虑,会给处在压力中的孩子施加压力,更不利于学生在毕业阶段的适应。实践经验表明,四年级下学期经历过这些活动的学生到了毕业前亲子冲突情况大大减少。[1]

一些体现亲情的传统节日,如中秋节、春节、元宵节蕴含着丰富的中国传统文化习俗和人情世故。各个年级学生都可以吸取传统文化的营养,处在亲子关系变化中的四年级学生可以利用传统节日搭建一个文化平台,在讲述和表演节日的传说、礼仪习俗时,创造自己的节日活动,表达对父母亲人的情谊。这有利于促进情感发展,也能培育生活的情趣。同时,在这些融情理于情境的文化活动中,扎下民族文化的根。

四年级交往中的变化是人格特征意识的萌发,上述活动也有助于引导学生认识人格品性和深层特征。不仅认识师长的,而且认识同学的,建立自己的深层次的品性。在活动中,能力和个性不同的学生都可以投入和展示,所有人都可以因自己的努力感受到实实在在的成功。这样的结果会消除表面狭隘的评价,驱赶自卑和同学之间的歧视。当学生们感受到平凡中的光亮,发现了每个人都可能产生的内在力量,会促进同伴之间的相互学习和积极交往。

2. 适合于四年级学生阅读的书籍

除了生活实践中可开发的教育资源,以人生道理和价值观为主题的寓言故事是非常重要的资源,如《尊严》《守信》《狼和小羊》《乌鸦和狐狸》《饭钱》等,都包含着深层的人生哲理,很多以动物比喻,但不是童话,生动又深刻。有的是类似神话的人物故事,通过穿越时空的想象,拨动少年心弦。这些广为传播的寓言故事让孩子们感受人类美好的价值取向,感受观念和理想,是需要具备思考能力的。读懂了这些寓言,也会锻炼和促进学生的抽象思维。

---

[1] 资料来源:上海市华坪小学陆敏老师的实践经验和观察发现。

耕耘才会有收获,耕耘不一定有好收获,但是,不耕耘一定没有收获。劳动才是最好的宝物。无疑,让这个年龄段的孩子多阅读一些富有哲理的故事,故事中的哲理会在他们的心灵中扎根。建议学生阅读《小故事大道理》等书籍,书中通过一则则生动的故事阐释着人生哲理,比空洞讲述大道理更易于学生理解、接受。在学生阅读基础上,可以选择一组故事上指导课。相对集中的阅读和教学有利于学生形成类文本结构意识,认识类文本育人价值,有利于学生遇事过程中学习哲理性思考,促进成长。如学习《尊严》后,学生认识到尊严的价值。国家有国家的尊严,民族有民族的尊严,个人应有个人的尊严,尊严是不可践踏、不可侮辱的。但要取得别人的尊重,前提是要自重。哈默虽然极度困苦,但没有忘记尊严,绝不接受施舍,不做不劳而获的人。也正因为他的自重,得到镇长的赞许、尊重。尊严给哈默这个穷困青年带来志气、智慧,最终成了美国的石油大王。一个人任何时候、任何场所都要牢记尊严,无论在家庭、在学校、在社会。《农夫和他的儿子们》让学生认识到,老人的遗嘱胜过千言万语,在他们内心深处留下烙印,引导着他们前行。(见本章案例三)

3. 适合于四年级学生的活动形式

四年级学生情感、思维不再幼稚,开始适合一些低年级学生感到困难的活动内容和表演形式。由于身心变化,尤其是这个阶段内分泌的成长性变化,为内心感触变得细腻和丰富奠定了生理基础。由于生理变化,四年级学生嗓音比较独特,女孩子的嗓音改变了嘹亮但显单薄的童声,带上了一些假声;男生的嗓音要变未变,两种声音合在一起是和谐动人的童声合唱音,唱歌和朗诵都会显得协调动听。并且因为能够有所理解,情感也容易激活。合唱带有抒情色彩的歌曲,也能够唤起他们的激情。如果让四年级学生表演低年级学生擅长的童谣,他们不会感到那么生动有趣。但如果让他们集体朗诵一些抒发情感的、幽默风趣的诗歌和散文,他们却很容易被打动。

不过,四年级学生的抽象思维能力还刚刚起步,他们能够讲述叙事较强的故事,但讲述道理较深、知识性较强的故事比较困难。他们可以就一些具体的话题谈论道理,但还不能深入思考,进行讨论。所以,多数四年级学生难以在纯粹语言阅读表达中理解和感悟,需要借助伴随身体、表情、语调变化的活动。诗歌朗诵、歌唱、音乐伴奏和表演,这些活动具有强烈的审美性,可以衬托氛围,调动非语言通道信息传递和接收,让一些深刻的道理在无言中传递和感悟。诗歌和寓言都是把含义深刻的内容转化成少年儿童可感受的方式让人理解。下面这些诗歌,[①]是关于性格特征的,曾经作为引导四年级学生纠正性格问题的教学材料。学生们朗诵这些诗歌,进行讨论,并且模仿创作。

顽　强

顽皮、顽劣、顽强,
在字面上,
有一半相同的地方。

然而,顽强对于我,
像水对于氧气,
火对于钢,
像雨水对于春笋,
顽强是我成长的"秘方"。

一次乒乓球赛,
顽强与顽强的较量。
一次围棋决战,
顽强与顽强的对抗。

植树造林和卫生宣传,
更需要笑嘻嘻的顽强。
只要你握住
顽强伸出的手掌,
便揪住了胜利的鬃毛,
也攥住了希望的翅膀。

[①] 叶澜.新基础教育推广性研究教师指导用书.上海:上海三联书店,1999:222.

我知道,我还缺少
男子汉的顽强。
可我坚信,顽强
一年又一年的
增大、增多、增强。
直到我变成一块
响当当的纯钢。

嫉　妒

也许是条蛇,
咬过农夫的蛇,
盘踞在心灵
阴暗潮湿的角落。
当它咬住别人时,
也咬伤了自己。

无论是蛇,
无论是火,
嫉妒的形象,
总是可怕和凶恶!

自　卑

人生本是平等的,
在生命面前,
在死亡面前。
在氧气中呼吸,
肺,平等地舒张,
心,平等地起搏。

也许因为一次
不及格的考试,
也许因为一次
爱嘲笑的体育锻炼,
也许因为家庭
一次可怕的裂变,
也许由于无数次
碰撞中的偶然。

心灵受了伤,
船儿搁了浅。
于是,你开始
自怨自艾地降下风帆。
哪怕稍稍鼓起勇气,
就能抵达对岸。
可你不愿,也不敢。
自卑的人,
总是那么短见,
我不自卑,
虽然有时沮丧,
有时伤感……

  无论是语言、思维能力,还是品性人生道理教育,寓言故事都是很好的资源。但是,因为这些故事太像他们曾经读过的童话、神话,按照简单的童话、神话故事阅读,四年级学生可以轻轻松松地讲述,只读出生动有趣,就像蜻蜓点水,难以领悟其中的道理,不足以引起学生对这类文本育人价值的关注,难以深入思考,内化人生哲理和价值。

三、阅读表演探究

哲理小故事虽然含有大道理,但是故事情节并不复杂,语言文字也流畅,通俗易懂。这对于四年级学生来说不难。教学如果不注意文本的这个特点,依然采用程式化的阅读分析法,不仅浪费课堂教学时间,不能促进学生发展,反而会降低学生阅读兴趣。另外,故事的哲理仁者见仁、智者见智,深度广度不同,对于小学生来说,无论是文本的含义深浅程度还是四年级学生的认识水平,理解文本的含义是学生阅读哲理故事的一大难点,也是教学的一大重点。那么,这个重点如何教学?以教师解说为主?显然不行。老师的解说是老师对文本哲理的认识,不能替代学生的认识,不经过学生自己的思考、不联系学生生活实际,甚至不经过学生的思想斗争,认识是外在的、肤浅的。故事小、道理深的文章的教学确实让老师费了一番心血。根据文本和学情,宜采用"故事表演、哲理探究"结合的教学形式。

学生在前期阅读表演学习中已经形成了以下能力:文本预习:自学掌握生字词,熟读文本;合作排练:在小组长领导下,自己商量选择活动的时间和地点,各小组自行排练课本剧,协商分配角色,讨论设计道具,分头准备。寓言阅读难度提高,表演准备活动的要求也发生如下变化:

1. 预习要求提高

个体预习要求:熟练阅读、梳理文本内容、思考文本主题。然后,考虑如何根据表演需要,将文本中的叙述语言改为对话语言。学生为在表演中展示自己的阅读理解,会更加用心地阅读。

分组准备表演:要求每个组设计表演以突显故事主题。学生将自学的考虑带到小组,一起交流讨论,达成共识。教师要了解各组排练的情况,适当给予指导。

2. 为引发思考留出空间时间

寓言理解有一定难度,课堂表演旨在引导感受和思考。跟游戏作文的处理不同,不要求全员同时投入表演活动。游戏作文教学专门安排一个环节,让所有学生投入游戏。那样的处理是要让每一位学生产生真切的体验,为后续作文的素材作准备。寓言故事主要不在活动体验,而在思考和交流对寓言哲理的理解。所以,不需要大家同时上场。只需要一个小组表演某个片段,其他学生带着思考看表演。

因为预习和分组排练时各自都进行了思考和排练,观众在观看时可以与自己的排练比较,进行思考。表演结束后大家通过点评交流,表达和促进对寓言哲理的理解。为此,教师特别要把握和引导点评的指向,要求点评剧本改编和演员表演是否较好地反映了故事主题和哲理,不要偏离到无关紧要的细节。教师在学生交流过程中评判和点拨,能够让学生领悟寓言的哲理,领悟什么叫做深入理解。这是学生思维活动的外化,在交流中成长和飞跃。

寓言故事有长有短,表演的安排要根据故事长短和段落分布特点灵活处理。故事短、各段内容都比较重要的,可以分组表演一个片段,全班合起来完成整个故事的表演。如果故事较长,就不能把时间全部用在表演上。不需要表演全部故事,只需选择重要片段表演。根据事先各组排练情况,教师还可以选择让几个组表演同一个故事片段,让学生比较各组表演反映寓言主题的特点,交流提高对寓言哲理的领悟。

在表演过程中,还可以采用"定格"方式表达交流。"定格"是教育戏剧的一种处理手法,在表演的关键环节,演员们听到教师的定格指令时静止于正表演的状态,教师选择特定角色,走过去轻拍肩询问,让演员说出所扮演角色此刻的想法。通过这种形式,把按照文本体现在动作表情中的角色内心活动,请演员或观众用语言表达出来。这种表达是文本中没有的,需要演员根据故事情境和表演过程的体验思考和表达。比如,《小马过河》表演到小马听了老牛和松鼠的话后拿不定注意时,定格询问小马:"听了老牛和松鼠的话,你心里怎么想?"又如,《农夫与金鱼的故事》表演到老太婆要当海霸王时,定格询问渔夫:"你这时怎么想?"还可以再询问金鱼:"你这时想什么?"这种方式穿插在表演过程中,既是表演的一部分,又让演员跳出来思考角色内心。既是独白,也是交流对话,吸引学生们投入思考。

3. 学生提升需要教师正确引领

四年级学生抽象思维开始发展,生活阅历浅,对文学作品的理解会遇到各种问题,特别需要教师能够给予有力的引导。

阅读经验不丰富的情况下,学生的理解容易角度单一和肤浅。不同文体风格有特定的理解要求,说明文是对现实事物的客观描述。文学作品是通过想象和比喻来描述事物的。不懂得文学作品的象征隐喻性,把比喻理解成实描,就会把深刻的含义肤浅化。比如,把《皇帝的新装》故事按照表层语义来理解,学生只会指责骗人的裁缝和大臣,赞扬诚实的孩子。不懂神话的比喻象征性,按照现实经验理解《猎人海力布》,学生们就会提出,把化为石头的海力布搬回家去,免得他在外面被风吹雨打。肤浅的理解难以激活学生的心灵,他们的情感和思维难以得到培养。

由于家庭、社会存在着的消极低俗的影响,学生阅读理解会出现偏差。比如,讨论时会出现诸如"谁能赚到钱,谁的本领大""体力劳动低人一等"的想法。教学中,老师要用合适的例子深入浅出地解说,及时纠正学生的错误观念。教学不能满足于学生讨论的热烈气氛,停留于学生的理解。要打开学生的思路,提升学生的理解水平。比如,《渔夫与金鱼的故事》不能只从老太婆的结局中理解做人不能贪心,从小金鱼身上体会到要知恩图报,也要反思渔夫的软弱,对于一些无礼苛刻的要求要学会拒绝,学会坚强。这些引导往往针对现实存在的问题,需要启发学生结合实际形成新的认识。

四、案例与点评[①]

案例一

《渔夫和金鱼的故事》教学实录
上海市闵行区文馨小学四年级　执教教师:郑华生

一、揭示课题,扫除阅读障碍

T:今天我们学习一个故事,渔夫和金鱼的故事。这是俄罗斯伟大诗人普希金的一首诗,也是一个寓言故事,情节生动,含义深刻。大家已经预习了,相信都很喜欢这首诗。先复习生词,以小组为单位读生词。

(小组为单位读生词,学生读得很熟练)

T:有不懂的问题吗?

S:胆怯是什么意思?

[①] 注:四年级哲理故事都选自课外读物。

S：我用找近义词的方法理解的，胆怯就是胆小。

T：课文中还有很多词语，有没有不懂的？

（学生表示没有不懂的）

T：我问一个问题，"胆战心惊"是什么意思？

S：胆战心惊就是害怕的样子，也说做事情小心谨慎。

T：好，课文中的"胆战心惊""衣衫褴褛"，这些词语都要弄懂，才能更好地理解课文。

二、梳理课文主要内容

T：《渔夫和金鱼的故事》写了哪几个人物？

S：写了渔夫、老太婆、金鱼。（板书：渔夫　老太婆　金鱼）

T：故事大体讲了一件什么事？

S：故事讲了老太婆很贪婪。

T：什么事情？具体些。

S：故事讲了老头子帮老太婆实现愿望的故事。

S：老太婆向金鱼一次一次提出愿望，一次比一次要求高。

T：第一次要什么？

S（齐声）：木盆。

T：第二次要什么？

S（齐声）：木房子。

T：第三次要什么？

S（齐声）：当贵妇人。

T：第四次要什么？

S（齐声）：当女皇（板书：木盆　木房子　当贵妇人　当女皇）

T：这些愿望实现了吗？

S（齐声）：实现了。

T：最后是什么愿望？

S（齐声）：当海霸王。

T：有没有实现？

S(齐声)：没有。

【评：概括故事主要内容是阅读的重要能力。本班学生独立概括故事主要内容的能力可能还不强，老师想通过问题来引导学生概括课文重要内容，这是一种重要的指导方法。但是，老师还停留在替代学生思考的状态，没有采取引导思考的方式。学生虽然能一一回答老师的问题，但没有进入思考状态。建议：

1. 培养学生归纳文章的意识和能力，让学生明白概括课文主要内容的方法。概括记叙文的主要内容可以从概括文章六要素入手，即提炼出故事发生的时间、地点、人物、起因、经过、结果。

2. 安排时间，让学生在分别回答老师问题的基础上把课文主要内容连起来讲述，先个人或同桌，再指名学生在全班讲述，大家点评。不仅让学生明白概括主要内容的要求和方法，而且能准确完整地讲述。】

三、表演与点评

（一）表演点评故事开头

T：下面我们开始学习课文。预习时各小组都把课文排成了表演剧，大家都想在课堂上表演。为了更多的小组有表演机会，一个小组表演一段。表演的同学要认真，下面同学一边看表演一边联系课文的描述点评表演，如果表演不到位，要提出意见。

这个故事开始是怎样的？请一组表演。

（一个表演组到台前）

场景：河边　一座破旧泥棚

组长：大家好，我们今天给大家表演的是《渔夫和金鱼的故事》第一段。我演渔夫——演老太婆——演文武大臣——念旁白。现在表演开始。

旁白：从前有个老头儿和他的老太婆住在蓝蓝的大海边；他们住在一座破旧的泥棚里，整整三十又三年。老头儿撒网打鱼。老太婆纺纱结线。

表演：金鱼在河中游，渔夫撒网打鱼。第一网，打上一网海草，渔夫把海草丢了。第二网打上一网水草，渔夫把水草丢了。渔夫很失望。第三次下网，打上一条金鱼。

金鱼(做祈求动作):老人家,求求你放了我吧,我会给你荣华富贵的。

渔夫(吃惊,有点害怕):走吧,可怜的小东西,到蓝蓝的大海中去吧,自由自在地游吧。(放了金鱼)

小金鱼游走了。

旁白:渔夫回到家。

渔夫:今天发生一件奇怪的事情,打上来一条小金鱼竟然会说话。

老太婆:金鱼会说话!那金鱼呢?

渔夫:被我放了,她说她会给我荣华富贵,但我什么也没要。

老太婆:你这老头简直一点头脑也没有,快点滚回去,去要一个木盆来。

(渔夫快快离开。表演结束)

T:大家点评一下。

S:渔夫第一次、第二次捞的都是海草,他没有演出垂头丧气的样子。

T:你来演一下垂头丧气的样子吧。

(S演垂头丧气的样子)

T:演得不错。

S:老爷爷听到金鱼会说话,表现得很吃惊,还可以小声说:"我打鱼打了三十三年,从来没有听说过鱼会说话。"

S:金鱼摇摇尾巴没有演出来。祈求语气不够。

T:你试一下。

S(表演金鱼,摇尾巴祈求):老爷爷放了我吧,放了我对你只是少吃一顿,对我是一条命啊。

(渔夫惊异得说不出话)

T:我们把他们的对话朗读一下。男同学读渔夫的话,女同学读老太婆的话。

(男女生读对话:

女同学:放了我吧,老爷爷,把我放回海里去吧,我给你贵重的报酬,为了赎身,你要什么我都依。

男同学：金鱼，上帝保佑！我不要你的报酬，你游到蓝蓝的大海去吧，在那里自由自在地游吧）

（二）解读渔夫心理

T：从此，老太婆的要求一次比一次高，老头子一次比一次感到为难，金鱼不断满足老太婆的欲望。他们都有很多想法，课文没有都写出来，这是文章的空白处，需要读者发挥想象。我们也想象一下渔夫的感受。第一次老太婆提出要木盆时，渔夫怎么想？第二次老太婆要木房子时，渔夫怎么表现？第三次、第四次又怎样？先在小组里说一说。

（板书：第一次"心神不定"地回去了

第二次"唉声叹气"

第三次……

第四次……）

（小组交流）

T：现在全班交流。

T：第一次，老太婆提出要木盆时，渔夫怎么想的？

S：老爷爷心神不定地回到河边。老爷爷想，老太婆要木盆，金鱼会不会帮老太婆实现愿望，如果不能我就有苦吃了。

S：老爷爷想，如果金鱼不能帮老太婆实现愿望，我还回去不回去？

……

T：第二次，老太婆要木房子时，老爷爷唉声叹气，想……

S：老太婆要木房子，老爷爷想，臭老太婆，死老太婆，给了她木盆，不满意，还要木房子，太贪心了！

S：早知道这样，不该给老太婆说这件事的。

T：后悔了。

S：给了木盆，又要木房子叫我怎么开口啊？

……

T：第三次、第四次老太婆要当贵妇人、海霸王时，老爷爷……

S：老爷爷想，天哪，早知道这样，不该让她知道的。

S：看，把仆人打成什么样，鲜血淋淋、惨不忍睹。

S：老爷爷想，鱼娘娘再帮帮我吧，你要不帮我，我就被打死了，老太婆会把我这老骨头拆了。

S：咳，如果不去捕鱼多好，不会遇到这样的事。

S：老太婆太贪心了，要了木盆，又要木房子，要了房子又要当贵妇人，还要当海霸王，太贪心了。

S：当上贵妇人又要当海霸王，真后悔当初娶她的。（全场笑）

……

【评：本班学生在三年级阅读表演、游戏作文教学中培养了课文预习能力、表演能力和同伴合作排练能力。《渔夫和金鱼的故事》生动有趣，语言文字难度不大，预习阶段各小组学生已经煞有兴趣地把课文排成了表演剧。针对课文和学生状况，老师把课堂教学重点定位在理解故事的深刻含义，而不是简单了解故事情节，用学生表演引出故事主要情节，在师生、生生互动中探讨故事含义。既满足学生表演欲望，提高学习积极性，发展了能力，又突出了教学重点。

随着故事情节的发展，老太婆贪欲越来越强，渔夫的心情也在不断变化。同学们容易认识贪婪的问题。但是，仅仅达到对贪婪的认识是不够的，还没有进入阅读的提升。教师如果引导学生注意故事语言的变化，感悟蕴含的丰富语境语义，学生会产生更为生动的感悟和有意识的学习。比如，老太婆第一次要木盆时，老爷爷觉得这个要求还不算过分。这时老爷爷主要担心金鱼能不能帮老太婆实现愿望。第二次老太婆要房子时，老爷爷内心很复杂，感觉到老太婆贪心，要了木盆，又要房子，后悔把捕获金鱼的事告诉老太婆，并为了向金鱼要房子感到为难；老太婆第三次要当贵妇人、第四次要当海霸王时，老爷爷看到老太婆的贪得无厌，骂老太婆"该死"，十分后悔和无奈，从而告诫人们，贪欲是无法满足的，贪得无厌的后果是可怕的。】

（三）表演点评故事结尾

T：现在，请另一组表演最后一段。

组长：大家好，我们表演最后一段。我介绍一下演员……

场景一　富丽堂皇的大厅

(老太婆傲慢地坐在正中,男仆站立两旁,女仆帮老太婆捶背……)

旁白:老头儿回到老太婆那里,怎么,前面竟是黄色的宫殿,他的老太婆当了女皇,端坐在桌边用膳,大臣贵族伺候她。给她斟上外国运来的美酒。她吃着花式糕点,周围站着威风凛凛的卫士,肩上都扛着锋利的斧头。老头儿一看吓了一跳……

老太婆:给我把他拿下!(卫士扑向渔夫)

渔夫:救命啊!臭老太婆,死老太婆,我帮你实现了那么多愿望……

老太婆:让他到马房做苦力!

……

老太婆:去告诉金鱼,我不要再做自由自在的女皇,我要做海上的女霸王。让我生活在海洋上,叫金鱼来伺候我,听我随便使唤。

渔夫:我肯定不帮你。

老太婆:把他往死里打!

渔夫:我不怕死!

老太婆:来人!给我揍他!(士兵打渔夫)

(渔夫来到海边)

渔夫:鱼娘娘,求求你帮帮我,我要把这该死的老太婆怎么办?她已经不愿再做女皇了,她要做海上的女霸王,这样,她生活在汪洋大海,叫你亲自去伺候她,听她随意使唤。

旁白:金鱼一句话也没有说,游到深深的大海里去了。老头儿在海边久久地等待回答,可是没有等到,他只得回去见老太婆。

场景二　渔夫家中

(依然是那间泥棚。老太婆坐在门槛上,她面前还是那只破木盆)

渔夫(回到家中一看,大吃一惊):啊!

老太婆(沮丧地):我为什么要做海霸王啊,现在连女王也做不成了,真后悔……

(表演结束)

【评:学生表演中对剧情做了两处改动。1. 原文中,老头子对老太婆要当海霸王的要求是敢怒不敢言,"不敢顶嘴,也不敢违抗",表演中演员改为"我肯定不帮你""我不怕死"。2. 原文最后一句是:"他的老太婆坐在门槛上,她面前还是那只破木盆",学生改为老太婆十分后悔,说:"我为什么要做海霸王啊,现在连女王也做不成了,真后悔"。这两处改动不知是学生有意为之,还是情感的表达。教学中,老师没有注意到这两处改动。可能疏忽了,或回避处理。其实,不妨组织学生开展讨论。借此机会,让学生通过普希金这首诗了解历史、学习人文精神。了解普希金时代贵族与劳动人民的生活状态,认识生活的复杂和艰辛,加深对人类追求的道德规范和价值观的体验。】

四、总结

T:最后,老太婆连前面要的一切都没有了。关于这个故事,同学们还有什么要说的?

S:读了这个故事,我想到另一个故事(略),故事中的主人翁和老太婆一样,贪婪。

S:读了这个故事,我想到一只猴子到超市买方便面,打开一包一看,中奖了,他很高兴,连续买了好几包,都中奖,他想,今天真幸运,我干脆多买点,就又买了好几包,但是后面都没有中奖。

【评:这一联想反映了对运气的意识:好运不会永远伴随,心想不会事成。进一步:天上不会掉馅饼。】

S:我想到另一个故事,叫《贪心的乌鸦》。从前,有一只乌鸦住在森林里,看到树上有许多枣子,就叫别的乌鸦一起晚上去偷吃枣子。当天晚上,别的乌鸦吃了就飞走了,贪吃的乌鸦还要多吃一点。别的乌鸦飞走时,吵醒了猎人,猎人把这只乌鸦抓住了。

【评:这一联想反映了贪婪恶报的感受。】

S:渔夫心地善良,为人诚实。

T:如果具体说就更好了。

S:金鱼是知恩图报的。

(板书：渔夫　善良诚实

老太婆　贪婪

金鱼　知恩图报)

T：好，下课时间到，我们以后再深入讨论。

布置作业：给老太婆或金鱼写封信。

【评】本班学生因为有了课本剧表演经验，这次排练中表现出了更多的独立性和创意。自己设法准备道具，连父亲的捕鱼网也作为道具带到教室，使得表演逼真生动。学生们的合作精神也进一步得到锻炼。为了表演获得最佳效果，同学们推选最理想的人担任主角。为保证小组表演成功，乐意做后台剧务和配角：当伺者、仆人，或在场外帮助抛丢海草、整理渔网，做杂活。

特别有意思的是，表演过程中学生对剧本作了大胆修改，将原文中老头儿对老太婆要当海霸王的无理要求"不敢顶嘴，也不敢违抗"，改为"我肯定不帮你""我不怕死"；将老太婆最后的沉默状态，改为说出反悔的语言。这种改动都披露出学生对生活的认识和价值取向，令人深思，需要老师分析研究。观看表演的学生也很认真，能依据文本语言文字对演员的动作神态做点评，能根据剧情发展开展想象，提炼主题。从学生表演、点评、主题提炼中看出学生已具有一定的独立阅读理解能力。这是非常可喜的进步，本班学生与一年前相比，无论从自信程度、知识把握、能力具备、同伴合作以及表演基本功等方面都判若两人。

郑老师能根据文本和学情进行设计，突破惯用的阅读讲解方式，采取学生独立预习、合作排练、课堂表演、点评讨论的方式教学，激活了学生的潜能。同时，老师教学目标明确，没有采用全文表演的方式，重点落在开头与结尾，突出金鱼知恩图报的品质和老太婆贪得无厌的下场，紧扣主题，节省了课堂教学时间。

《渔夫和金鱼的故事》是一篇课外读物，学生对故事情节早已熟悉。但是，老师仍然把它选为教材供四年级学生阅读，目的有二：其一，弥补教材不足。语文教材尤其高年级教材中多散文，少哲理故事。学习散文固然有利于学生提高修养，学习语言，但是，随着年级提高，学生的思辨能力显得尤为重要。《渔夫和金鱼的故事》是一个蕴含丰富生活哲理的故事，是培养学生思辨能力的好故事。其二，本班学生是进城务工人员子女,虽然已经是高年级学生,但是他们的思辨能力的培养长期被忽视。同时,现实生活情景未能让他们得到认识复杂生活的指导,正确对待和处理来自多方面的问题是他们成长所需要的。

教学哲理性课文对老师要求更高,老师首先要有较高的认识水平、思辨能力,才能启发和引导学生,否则,哲理性文章只能当一般故事阅读,达不到预期效果。本课堂讨论过程中,老师对学生思维的角度、思考的深度还缺少点评、点拨、引导,致使学生认识水平提高不多,文本育人价值没能充分体现。

《渔夫和金鱼的故事》是课外读物,在学生独立阅读、自行排练基础上,课内表演交流,提升理解和感悟水平。但是学生在阅读过程中,兴奋点一般落在故事情节上,缺少对语言文字的关注体悟,尤其不注意细节的描写。而文章细节的描写往往是作者思想含蓄凝练的表达,引导学生仔细体味,能启发读者深入思考。所以,教学中要提示学生关注细节,并组织学生讨论理解。比如,从故事开头"老太婆坐在门前纺纱"看出,她原本是一个能劳动的农妇,最初老太婆向金鱼索要的报酬并不过分,"哪怕只要一只木盆",因为"我们家的木盆已经坏得不成样子了"。连词"哪怕"表示让步的意思,表现出老太婆要求降得很低。老师如果启发学生把老太婆最初的表现与之后一次次索求联系起来分析,学生们就会体味到:一个人不能指望有意外之财,哪怕一丁点儿,都会使人变得贪婪,不会有好结果。

文章中有多处关于海浪变化的描写,随着老太婆一次比一次贪婪的索求,海浪从"微微起着波浪"到"蔚蓝的大海翻滚起来",再到"蓝蓝的大海骚动起来",再到"蔚蓝的大海变得阴沉昏暗",再到"海上起了昏暗的风暴,海浪怒涛汹涌澎湃,不住地奔腾、喧嚷、怒吼"。作者用海浪的变化隐喻金鱼对老太婆的不满,巧妙地反映金鱼的心情变化,也勾勒出气氛的恶化。学生阅读时没有注意到这些描述,老师也没有关注和引导。】

案例二

《农夫与他的儿子们》教学实录

上海市闵行区文馨小学三年级　执教教师：郑华生

一、预习反馈

【点评：先回顾寓言特点。】

T：今天学习《农夫与他的儿子们》，这是一篇寓言，寓言包含两个部分，谁能说说，哪两个部分？

S：一个部分是故事，一个部分是道理、寓意。

T：对，寓言是寄托着深刻思想意义的一种简短的故事。作者把他自己认为正确的道理、有意义的教训通过虚构的简短的故事做比喻，让人们从故事中领会道理，获得教育。这些道理有的故事开头就点出来，有的故事最后直接说出来，有的隐含在故事之中需要读者自己思考。今天这个寓言故事的道理就需要我们同学一起讨论思考。

【点评：接着了解寓言主要内容。】

T：那么，这个寓言讲了什么故事？故事比较短，每人把课文再轻声读一读。

（学生读课文）

T：课文内容分三部分，概括一下每个部分的内容。第一部分是1、2段，谁概括一下？

S：农夫留下遗言。

T：第二部分3、4段。

S：寻找宝物。

T：最后部分。

S：儿子们意外收获。

T：好，每个同学说一说寓言的主要内容。

（学生各自练习叙述）

T：阅读过程中有没有问题？先小组内交流一下。

（小组交流）

【点评：要求发问质疑，由此引出对故事的思考。】

T：小组解决不了的问题可以提出来。

S："翡翠"是什么意思？

T：谁能解答？

S：翡翠是碧玉的一种。

S："奄奄一息"是什么意思？

S：只剩下一口气，临近死亡。

S："隔三差五"是什么意思？

S：就是过不久。

T：刚才都是词语方面的问题。故事内容有问题吗？

S：文章说，最后儿子们恍然大悟，悟到什么？

S：寓言最后一句，"儿子们获得最好财富"，最好财富是什么？

T：这两个问题不错，等会儿大家讨论。

【点评：在问题思考基础上交流对寓意的模糊感受。】

T：故事包含什么道理？每人想一想，说一说。

（学生各自叙说）

T：现在交流一下，这寓言说了什么道理？

S：劳动是最好的财富。

S：农民有三个儿子。

S：农夫很勤劳。

S：只有自己劳动才能换来财富。

S：世界上没有不劳而获，也不会天上掉馅饼。

T：大家有不少体会，同学们对寓意有不同的理解。那么，到底这个寓言的含义是什么？我们今天一起讨论讨论。

【评：寓言故事情节并不复杂，学生通过预习能较好地了解故事情节，但是理解寓言的含义有难度。交流寓意的五名学生中，只有三名能大致说出寓意。针对这个情况，老师把理解寓意定为教学重点。】

二、再现寓言内容

T：寓言篇幅比较短，情节描写少，语言质朴。为了更深刻感知内容和理解寓意，同学们阅读时可以展开想象，补充些语言、动作，加点神态描写来丰富内容，加深感受，这样或许有助于理解寓意。然后，请同学们把故事表演出来，启发大家一同思考。大家准备一下。

（学生阅读、小组议论）

T：故事开头交代了一个农夫有三个儿子，但是三个儿子比较懒。农夫生命垂危的时候，希望告诉儿子一个秘密，就把儿子们叫到病床前。哪个组把父亲留下遗言部分表演一下？

（一）表演"农夫留下遗言"片段

（一组上场表演）

组长：大家好，我们小组表演父亲留下遗言部分。

场景：农夫家中病房内。农夫斜卧在床上，医生给他搭脉、听诊。医生诊治结束，三个儿子围上去。

儿子（焦急地）：医生，我爸爸的病怎么样？

（医生摇摇头）

儿子们（又伤心又着急）：医生，求求你，救救我爸爸吧。

医生（无奈）：我已经尽力了。

（医生下场）

农夫：儿子们过来，（儿子们走上前去）我要死了，我的财产都留在葡萄园的地里了（边说边咳嗽，然后，头一歪，死了）。

儿子们（边哭边说）：父亲死了，我们以后怎么办呢？

（表演结束）

（二）表演——儿子寻宝不到

T：父亲死了，三个儿子很伤心，也很着急。三个儿子平时很懒，依靠父亲生活，现在父亲走了，他们怎么想？怎么做？哪个组表演一下？

（二组争取上场表演）

场景：家中。（伤心的三个儿子）

大儿子：以前，葡萄园里的活都是父亲做的，我们有吃有穿，生活无忧无虑。现在父亲走了，我们以后靠什么生活呢？

二儿子：是呀，以前我们生活都是靠爸爸的。以后，我们怎么办呢？

三儿子：爸爸不是给我们留下财产了吗？有了这笔财产就能生活了。

大儿子：但是爸爸说财产都埋在葡萄园里了。

三儿子：没办法，我们到葡萄园里去挖吧。

齐声（无可奈何地）：那好吧，我们去挖吧。

（三个儿子扛上农具下场，去葡萄园）

场景：葡萄园里。（三个儿子挖地——这儿挖，那儿挖，一会儿敲背，一会儿捶腰，不停地擦汗……）

三儿子：累死了！我们挖了一个下午了，也没有看见财产。

二儿子：爸爸是不是骗我们呀，地里没有财产呀。

大儿子：唉！还有一大片没有挖呐，我们明天再来挖吧。

齐声：好吧。

（下场）

（第二天早上，三个儿子又来到葡萄园，继续挖地）

大儿子：大家仔细地挖，不要留下空白。

二儿子：还要再使点劲，挖深点。爸爸可能把财宝埋得很深。

（三个儿子反反复复挖地，把整个葡萄园挖了一遍）

大儿子（边擦汗边说）：仍然什么宝物也没有挖到，财宝在哪儿呢？

三儿子：爸爸真是的，为什么不把财产是什么说清楚？害得我们把腰都挖酸了，手也挖疼了。

(儿子们垂头丧气地站着,你看我,我看你,说不出话来)

(表演结束)

T:一年后,儿子们又来到葡萄园。

(三组学生上场表演)

(三个儿子发现葡萄的长势非常好,看着一串串又大又甜的葡萄……)

大儿子:啊!从来没有看到过葡萄长得这么好!今年葡萄大丰收,一定能卖出很多钱。

二儿子:还可以酿出最好的葡萄酒。

小儿子(突然摸着头,惊喜地说):噢!我明白了!

(大儿子、二儿子奇怪地看着弟弟,不知弟弟明白什么)

(表演定格)

三、探讨寓意

T:看到丰收的葡萄,小儿子恍然大悟。两个哥哥不明白弟弟明白了什么,大家想想,你们明白吗?

【评:同学们发挥想象,用语言、动作、神态把三个儿子在父亲死后的忧虑、葡萄园中寻宝的辛苦、葡萄丰收的喜悦以及恍然大悟的神态表演得十分细致、逼真、充分,为寓意的揭示提供了丰富的素材。最后,定格表演法的运用很有创意,为学生思考寓意留出空间。】

T:小组内先讨论交流一下各自的看法。

(小组讨论热烈)

T:大家交流。

S:只有勤劳才会有更多收获。

S:不能靠父母,关键时候还要靠自己。

S:自己动手,丰衣足食。

S:没有劳动就没有收获。

S:只有勤奋才会有意想不到的收获。

S:一分耕耘,一份收获。

T：想一想，农夫的遗言是不是最好的财富？

S（齐声）：是。

T：农夫的遗言胜过千万财产。财产到底是什么？两个字——勤劳。自己动手才能创造好生活。

【评：学生对寓意有一定的理解，但还停留在语词表层，没有突破比较空洞的概念理解。教学过程中，老师可以通过指向要点的具体情境追问，帮助学生理解故事情节中蕴含的道理，把问题想得更深一些。可以这么问：

1. 儿子们是怎样挖葡萄园的？启发学生联系儿子们寻宝过程中的表演——仔细挖、不留一点空白、深挖，反反复复地挖，挖遍整个园子。

2. 这样挖地对葡萄生长有什么好处？儿子们挖地寻宝实际上是为葡萄园松土，改善了葡萄的生长环境，使氧气、水分、阳光更充分，保证葡萄的丰收。

3. 老农夫为什么留下寻宝的遗言？或者，葡萄丰收的事实对儿子有什么教育？寻宝产生了辛勤劳动，劳动创造了丰收和生活改善。儿子们深刻感受到了劳动的价值。

当代儿童生活条件优裕，独生子女养育容易忽视劳动教育。社会各种价值混乱，功名利禄追求强烈，劳动价值弱化，更需要培养他们劳动创造财富的价值观，牢固建立勤劳和丰收、财富和丰衣足食的必然关系的认识。这样的教育不能只是道理，需要有具体的情境、具体的事理，才能唤起感受、理解和体验。所以，内容生动丰富、符合客观规律和事理逻辑的寓言故事是很好的教育载体。因此，课堂关于寓意的讨论还不够充分，存在语文教学常见的空话、套话的现象。好的文学作品中，作家不是简单地描述现实生活，不是简单地告诉读者什么是好的、美的、对的，什么是坏的、丑的、错的，道理蕴含在具体的故事情节构思之中，要读者在阅读过程中反复咀嚼、回味、沉思才能产生共鸣、受到教育。小学生阅历浅，思维、理解水平低，正需要老师通过教学启发、引导和帮助。】

四、联系实际

T：大家再讨论一下，你们身边有没有这样的人物和事件？

（小组讨论）

T:全班交流一下。

S:我在幼儿园时,邻居一个女孩子非常懒,每天回家要爸爸妈妈给她买包子。因为卖包子的地方离她家很远,所以爸爸妈妈要走很远的路。有一天,爸爸生病了,爸爸让她自己去买包子。她说,要坐公交车去,爸爸说,我连买药的钱都没有,怎么有钱坐公交车。这孩子只好自己走,走了很多路才买到包子。这时候,她体会到爸爸的辛苦。

T:不能懒呀,哪怕买一个包子。

S:我表弟非常懒,每天做作业要妈妈帮。第二天,还被老师留下做作业。我希望他以后像农夫的三个儿子,变得勤奋起来。

S:我想到牛郎织女的故事,牛郎通过自己的劳动才娶来了妻子。

S:我有一个姐姐很懒,每天要妈妈买饭,一天妈妈病了,让姐姐一个人去买饭,姐姐走累了就在石头上坐一会儿,才体会到妈妈的辛苦。从此,她每天做家务。

T:再说说自己。这个寓言对你的学习、生活有没有启发?小组交流一下。

(小组交流)

S:一年级的时候,我和妈妈走在路边,看见一个女孩,妈妈说这个女孩肯定是经常表演的。三年级我参加舞蹈队,靠我的努力,完成妈妈的心愿。

S:我原来在家中不愿意做家务,妈妈病了,我才做家务。从此(妈妈病了以后)变得勤劳。

……

T:大家感受很深,学习上要多动脑筋,成绩更上一层楼。

【评:讨论时,老师步步推进,启发学生拓展到周边的人和事、联系自己的学习和生活思考,这样可以避免学生对寓意的理解只停留在抽象的警句名言层面。联系实际讨论把一个远距离的寓言拉近现实,这又容易因太实而弱化美感和美感的感染力。这需要通过观点的感悟深化而防止因进入现实而变得肤浅。老师如果紧扣寓言寓意,让学生看到勤快和懒惰习惯养成的发展意义,看到生活中人们的评价和社会的需要,从成长和社会化的角度加以点拨,会有更深刻的学习提升。】

案例三

《小马过河》教学实录

上海市闵行区文馨小学四年级　执教教师：郑华生

一、表演——展示故事，概括故事主要内容

T：有几个小组给我们带来个故事，叫《小马过河》，首先请第一组演一演，其他小朋友认真观看。看后用自己的话概括地说一说，故事主要讲了一件什么事？

【评：《小马过河》是课外选来的一个童话故事，因为学生已经熟悉故事，老师用学生表演的方法帮助大家回忆故事内容，为理解故事含义作准备。】

（第一组上场）

组长：大家好，我们给大家演一个故事，叫《小马过河》。

（开演）

旁白：树林里住着一匹老马和一匹小马。有一天……

老马(对小马)：孩子，你也不小了，你能不能帮妈妈做一件事？

小马(高兴得跳起来)：好的，我很愿意帮妈妈做事。

老马：好，那你就把一袋麦子送到磨坊去吧。（给一袋麦子）

（小马背着麦子哒哒哒地上路，一路走，一路跳。走着走着，前面一条小河挡住了去路，河水哗哗地流着）

小马：那怎么办呢？如果妈妈在旁边就好了，可是，妈妈不在，家又那么远，(东张西望)(看见一头老牛在吃草，小马跑过去)牛伯伯，这条小河是深还是浅，我能不能趟过去？

牛：噢，这条河很浅，刚刚过小腿，能过去的。

小马：谢谢牛伯伯！（兴奋地转身，准备过河）

松鼠(急切地跳出来)：别过河！别过河！你会淹死的！

小马：啊！这条河很深吗？

松鼠：这条河深得很，昨天我的一个伙伴就是掉在河里淹死的。

小马：那怎么办？我还是回家问妈妈吧。(转身回家)

(小马回到家)

老马：孩子，怎么啦？怎么就回来啦？

小马：一条河挡住了去路。

老马：这条河不是很浅吗？

小马：是呀，牛伯伯也是这么说的，可是松鼠弟弟说，这条河很深，还淹死过他的同伴呢。

老马：你有没有想过他们的话吗？

小马：没有。

老马：孩子，听了别人的话要自己仔细想一想、试一试，看能不能趟过去。知道吗？

小马：知道了。妈妈。

旁白：就这样，小马又来到了河边。刚要过河，松鼠跳出来——

松鼠：你不要命啦？

小马：还是让我试试吧(小马试着过了河)。哦，原来这条河不深也不浅。刚到我这儿(用手比划)，我还是快点到磨坊去吧。

组长：我们的故事演完了，谢谢大家。

(观众鼓掌)

T：故事演完了，同学们，用自己的话说说故事的主要内容。

S：小马要完成妈妈交给的任务，遇到了一条河，最后过了河。

T：好像简单了些。

S：小马要完成妈妈交给的任务，完成任务的途中遇到一条小河挡住去路，就回去问妈妈，妈妈让他去试一试，最后小马完成了任务。

T：每个小朋友在小组里说一说。

(学生在小组内说故事主要内容)

(老师指名在全班说)

S：妈妈让小马把一袋麦子送到磨坊去，途中一条小河挡住了去路。小马问牛伯伯，牛伯伯说河水很浅，小马问松鼠弟弟，松鼠弟弟说河水很深，小马不知道是深还是浅，就回家问妈妈。妈妈说："不试一试怎么知道？"最后小马就试一试，原来河水不深也不浅，趟过了河。

二、表演定格，分析小马心理，探讨故事哲理

T：故事基本情节大家非常熟悉了，但是要真正理解故事的含义，还需要我们反复专研，尤其要专研作品为我们留下的空白处。我们知道，作者在文学作品中往往不把他的想法、做法全部写出来，而是留给读者去思考、想象。这些没有写出来的想法、做法就是作品的空白。我们积极思考、想象作品的空白处，会感到作品形象更生动，含义更深刻。那么，这篇作品中有哪些空白处呢？我们从表演中来寻找吧。

T：下面请第二组来演一演。同学们一边看一边思考小马的心情，我喊停的时候，表演停，演员定格，大家说说小马的心情，好吗？

S（齐）：好。

（一）探讨小马心理

1. 表演——去磨坊的路上遇到河

旁白：树林里住着一匹老马和一匹小马。有一天，老马对小马说——

老马：孩子，你长大了，能为妈妈做一件事吗？

小马（高兴地）：好的，我很愿意帮妈妈做事。

老马：那好吧，你把一口袋麦子驮到磨坊去吧。

小马：好的。

旁白：小马驮着一口袋麦子向磨坊跑去，跑着跑着，前面一条小河挡住了去路。

小马：咦？

T：停！这时，小马在想什么呢？

S：小马想，这条河是深还是浅呢？

S：这时，小马会想，这里有一座桥就好了。

S：这时,小马会想,这条河是深还是浅呢? 如果是深的话,我下去以后会被淹死。

T：面对小河,小马不知道河的深浅,产生疑问,感到为难甚至有点害怕。

T：好,继续表演。

小马(见老牛在吃草)：牛伯伯,这条河是深还是浅呀?

老牛：眸……放心吧,这条河能趟过去。

(小马正准备过河)

松鼠(跳出来)：别过河!别过河!河水很深的。

T：停!这时小马在想什么?

S：小马想,啊!牛伯伯说河水很浅,松鼠说河水很深,那么,到底是浅还是深呢? 我到底应该相信谁的话呢?

T：小马拿不定主意。

S：小马想,天哪!牛伯伯说河水很浅,我要是相信了他的话,不是就淹死了。

S：小马想,这河水是深还是浅呢? 如果是深,就是我过去了,麦子也会湿的。要不要换一条路,我又不知道别的路,怎么办呀?

T：想到其他的办法,这也不错,绕道而行。可是,小马不知道别的路呀。

S：小马想,啊!完不成妈妈的任务了,怎么办呀?

T：面对老牛和松鼠的不同看法,小马拿不定主意了,相信谁的话好呢? 小马自己不会判断,只得回去问妈妈。

T：继续表演。

2. 表演——回家问妈妈的路上

小马：怎么办呢? 还是回去问妈妈吧。

(小马回家路上)

T：回家的路上,小马又想了些什么呢?

S：小马想,我没有完成任务,妈妈会不会打我。(众笑)

T：这可是自己的生活经验呀。

S：小马路上想,这么点小事都不会做,妈妈会认为我长不大。

S：小马路上想，这么点小事完不成，以后还怎么帮妈妈做事呀！

S：小马路上想，我走的时候，妈妈亲切地叫我把麦子送到磨坊去，可是，我却这样，可不是太为难她了！

T：用"失望"比较好，不是为难妈妈，是吧？是自己碰到困难为难了。

S：小马路上想，妈妈既然叫我把麦子送到磨坊去，她肯定知道路上有这条河，知道河的深浅。可是，我又不知道怎么才能过去。

T：小马为完不成任务而自责。

3. 表演——小马顺利过河

T：继续表演。

（小马回到家）

老马：咦！你怎么回来啦？

小马（吞吞吐吐）：我在半路上遇到一条河。

老马：那河不是很浅吗？

小马：是呀，牛伯伯也是这么说的，可是，松鼠说河水很深，我不知道怎么办。

老马：小河是深还是浅，你仔细想过吗？

小马：没有。

老马：孩子，你过来，听妈妈跟你说，光听别人说，自己不仔细想想，不去试一试是不行的。你想一想，去试一试，这条小河是深还是浅就知道了。

小马：知道了，妈妈。

（小马回到河边，准备下河）

松鼠：你不要命啦？

小马：让我试一下吧。（下河）噢，河水不深也不浅。妈妈说得真对！

（观众鼓掌）

[评：与学习《农夫和他的三个儿子》课文一样，运用表演定格的方式，形成现场表演气氛和思考的时空，让学生在表演情境下有一个时间思考，现场交流讨论。重点讨论以下几个问题：

（1）小马去磨坊途中遇到小河挡住去路时怎么想？

(2)小马听到老牛、松鼠的不同看法时,怎么想?

(3)小马拿不定主意回家问妈妈的路上怎么想?

(4)小马最后顺利过了河,会怎么想?

这四个问题紧扣小马心理活动,涉及小马遇到困难后解决问题的思维结构。学生弄明白这几个问题,可以得到双重收获。其一,学习遇到困难思考问题、解决问题的意识和方法;其二,学习阅读中抓住文章未直接表述的空白点深入思考的意识和方法。文学作品有大量这样的空白,是作者故意留给读者思维的空间。这是一种艺术技巧,使作品呈现开放状态,让读者想象、再创造,使得读者主动阅读加工,产生与故事角色和作者的对话。读者根据自己的生活经验来丰富、理解、想象,从更多侧面、角度塑造形象,产生不同角度、不同层次的理解和感受,揭示形象包含的思想内容。阅读教学中教师指导学生发现文章空白,用问题引导学生进行想象思考,无疑是一种重要和有效的阅读教学方法。】

(二)探讨故事哲理

T:小马终于过了河,小马体会到妈妈说得对,那么,妈妈对在哪里呢?也就是说,这故事告诉我们什么道理呢?

S:这故事告诉我们,遇到什么事要去试一试。

S:这故事告诉我们,不管什么事,只要自己去试一试,终究会过去的。

T:试一试是亲自实践。他妈妈是怎么说的?还记得他妈妈说的话吗?

(学生不记得)

T:不记得,打开书看看妈妈说的话。

(学生看书,小组议论)

T:妈妈的话中除了让小马试一试,还有没有别的意思?

S:妈妈还要小马动脑筋想。妈妈说:"你仔细想过吗?"

T:对,自己要动脑筋。这故事里,开始小马没有动脑筋想,我们来帮他一起想。对于这条河,老牛说——

S(齐声):很浅。

(板书:很浅)

T:松鼠说——

S(齐声):很深。

(板书:很深)

T:妈妈叫他做事要——

S:仔细思考。

(T板书:仔细思考)

T:思考什么呢?

S:为什么老牛说水深,松鼠说水浅?

T:对呀,用上关联词说一说,好吗?

S(齐声):好。

S:因为老牛身材很高,所以说水浅,松鼠身材矮小,所以说水深。

T:用"之所以……是因为"说一说。

S:老牛之所以说河水浅,是因为老牛身材很高。松鼠之所以说河水深,是因为松鼠身材矮小。

T:小马以前有没有这样思考过?

S(齐):没有。

T:妈妈告诉他遇到难题不能光听别人说,要自己仔细思考,亲自实践。

(板书:亲自实践)

T:同学们,我们看完了第二组的表演,过程中老师让表演暂停了几次,讨论了几个问题。大家能不能回忆起来我们讨论了哪几个问题?

S:小马去磨坊的路上遇到小河怎么想的?

S:小马听到老牛、松鼠不同的说法怎么想的?

S:小马在回家问妈妈的路上怎么想的?

S:小马过了河怎么想的?

T:对呀,这些是小马的心理活动,作者没有写得很具体,是留给我们小读者的空白,我们通过讨论,既把小马心理活动分析清楚了,又知道了遇到疑难问题怎么办。思考文章的空白处是一种很好的阅读方法。

【评:受认识能力所限,学生对故事含义只停留于"不管什么事都要自己去试一试"。显然,这个理解不全面。老师让学生再读文本中妈妈的话,小组讨论妈妈的话的含义。接着再带领学生具体分析老牛、松鼠产生不同看法的原因。在老师的引导下,学生认识深入,明白了遇事不能光听别人说,需要自己仔细思考、亲自实践。此外,整个教学过程又是一次阅读方法指导过程,老师发挥了很好的引领、指导作用。整个教学过程,学生成长了。】

三、仔细思考

实践——为小马出谋划策

T:除了妈妈说的方法,还有别的方法吗?小组讨论讨论,如果你是小马的哥哥或姐姐,你用什么办法帮助小马过河?

(小组讨论)

S:让小马爬到老牛背上,让老牛送他过河。

T:请别人帮忙。

S:如果我是小马哥哥,让小马爬到自己背上,送他过河。

S:把木材扔到水里,踏着木头过河。

S:把石头扔到河里,踩着石头过河。

T:那要多少石头?

S:找些木头搭座桥。

T:那以后就方便了。

S:把一棵树倒在河上,踩着树过河。

T:也是个办法。可以试一试。

S:找一条小船。

S:用竹竿探路,探水是深还是浅。

T:这也是自己试一试,不是亲自下水,不用担心会被淹死,这方法也不错。

S:把河水喝了。

T:哦!那只能是传说。(众笑)

S:可以绕道而行。

T：这方法确实可行。

T：大家仔细思考，想象力很丰富，想了不少办法。但有的办法可行，有的办法不可行，还需要进一步思考。

【评：老师让学生把自己想象成小马的哥哥或姐姐帮小马想办法，为学生创设了一个"仔细思考"的平台，开发了学生的智慧。学生在亲自实践中会理解体会"遇到困难要仔细分析、仔细思考，寻找解决困难的方法。不能光听别人说"。可见，只要给他们空间、启发得当，学生可以冒出智慧的火花。他们想出了许多方法，虽然有的方法不可行，但他们感受到积极动脑的挑战感，体会到其间的乐趣。这是教育的价值所在，是最重要的。】

T：小马开始没有动脑筋，你有没有什么话要对小马说。用书信的格式对小马说吧，给小马写一封信，好吗？

S（齐声）：好！

（出示书信格式）

（学生写）

（写后交流，略）

（下课）

【评：学生很乐意地构思写信。这封信一定能写好，因为学生已经有了满肚子的话要对小马说。这节课全过程内在逻辑强，教学过程环环相扣、步步推进。最后水到渠成：学生从口头表达走向笔头表达。学生明显有感悟、思维有提高，学习自信心和兴趣明显增强。】

五年级语文整合教学活动主题和案例

一、五年级学生特征

五年级进入一个关键的转折阶段,学生的思维和自我调节能力会产生飞跃性变化,这与他们的身心成长有关。脑神经成长、小学阶段的知识学习、学校活动经验,以及师长伙伴的交往经历,各种因素交汇积累,为本质性的大发展奠定了基础。五年级学生经历了小学低中年级的学习,知识经验的积累,为认知能力将产生的转折性发展打下了基础。皮亚杰及很多研究者通过实验认为,十二岁左右是形式思维可以进入明显发展的阶段。掌握了学校生活的习惯和评价规范,在师生交往和评价中形成了对学习能力、行为和性格特征的基本认识。从掌握外界评价转向自我选择,五年级学生的自我意识和自我调节能力也有了明显发展的倾向。[1]

什么是形式思维?形式思维的逻辑运算不像具体思维那样必须依靠感知、经验或信念支持,可以用观念进行逻辑运算。皮亚杰说:"形式的思维乃是'假言演绎'式的,这就是说,它使得一个人可能从纯粹的假设去得出结论而不仅仅可能从实际的观察去求得结论。"[2]皮亚杰的钟摆实验具体反映了形式思维的特点。让儿童判断影响钟摆摆动速度的因素。影响摆动速度的可能因素有:摆的重量、最初推力、摆动角度、钟摆吊绳长度。寻找影响摆速的因素不能依靠感官直觉,也没法通过动作尝试。处于具体运算水平的儿童在同一时间变动所有因素,同时改变吊绳长度、钟摆重量、初始角度和推力。尽管不能合理判断,但仍然认为是摆重的影响。

---

[1] 李晓文.青少年发展研究与学校文化生态建设[M].北京:教育科学出版社,2010:164—170.
[2] 〔瑞士〕皮亚杰.儿童的心理发展[C].傅统生,译.济南:山东教育出版社,1982:88.

具有形式运算水平的少年会分解因素、观察分析。比如,观察到摆重改变摆动频率不变,摆动频率改变摆重不变,因此排除摆重因素。同样道理,观察分析排除了初始推力和角度因素,最后判断吊绳长度是影响摆速的因素。这样一个观察思考过程,系统有序地操作尝试,在尝试过程观察分析后作出判断。这一系列性的行为在思维掌控中进行,计划性的逐步探索显然受"如果……便会……"观念指导。这时候的语言不只是作为信息来接受,而且作为观念来引导分析推理,语言构成的观念成为了产生逻辑运算的工具。

构成形式思维的条件是什么呢?皮亚杰分析指出:"儿童不仅必须对客体应用运算(换句话说,他不仅必须对客体在心理上从事可能的行动),而且他还必须在没有客体而用纯粹的命题条件下,对这些运算进行'反省思考'。这种'反省思考乃是上升到第二级的思维。具体乃是一种可能的行动的再现(或表像),而形式思维则是可能的行动的再现的再现。"[①]也就是说,形式思维能够对语言进行思考,而这些语言本身则是对现实经验的提炼。这样一种思维在进行过程中,需要对输入或呈现的语言进行思考。比如,有这样一个问题:把一根长棒分割成 A、B 两截,A 是总长的 1/3,B 是总长的 2/3,而且 A 要比 B 长出 2 米,问这根棒有多长。如果根据语言,设棒长为 X。可以列出方程:$1/3X+2+2/3X=X$。如果反思这个问题的表述,就会发现矛盾,到底是 A 比 B 长,还是 B 比 A 长?第二级思考就会发现,这是一个不可解问题。这是用了概念和原理的内涵去思考信息之间的关系。领悟概念原理的内涵形成了观念,借助观念,得以洞察和组织信息,得以推理判断。

思维能力的发展使人超越自我中心状态,根据客观规律而非主观欲求作出选择决断。我们用蕴含特定观点的故事对三至九年级学生进行阅读干预实验,结果发现,故事蕴含的观点对五年级及较高年级学生产生干预作用。[②] 这表明,随着思维水平提高,阅读能力会发生变化。高年级学生能够感受领悟文本蕴含的道理。与思维发展趋势同步,十二岁左右自我意识水平发生了明显变化,能够选择自我超越的目标行为。[③] 自我意识状态体现了主动积极的自我调节特征,指向了较长久发展效应的目标。主动发展的自我调节需要内化积极合理的价值取向,需要养成

[①] 〔瑞士〕皮亚杰.儿童的心理发展[C].傅统生,译.济南:山东教育出版社,1982:88.
[②] 李晓文,彭琴芳.2—9年级儿童能力观干预比较研究[J].心理科学,2011,34(5):1090—1094.
[③] 李晓文.关于8—13岁儿童自我意识发展的一项实验研究[J].心理科学,1993,1:15—21.

良好的行为习惯。经历了数年的学校生活,建立了遵循学校生活规范的习惯和价值认同。随着认知和学习能力的成长,五年级学生开始对社会信息产生兴趣。

二、催化五、六年级学生潜能发展

(一)促进学生自我发展

自我即自我调节,自我意识发展体现为自我调节能力发展,是同义语。自我调节形成于意识视角和意义感受变化。意识视角逐步拓宽,逐步超越局限眼下的自我中心感觉。人们一般会选择带来自尊满足和提升的行为,回避抑制和损伤自尊的行为。所以,自尊是产生意义的基点,每一情境、每一时刻的意义感受则直接影响人们行为的选择和下意识的反应。每个人都倾向于满足自尊,但每个人对自尊意义的理解是不一样的。这与每个人的经历体验有关,也与认知发展有关。意义感受变化,行为调节也会变化。认知水平很大程度上影响意识角度。认知发展存在着普遍的规律,意识角度变化也有普遍的趋势。特殊的经历和体验会在个体身心留下痕迹——行为习惯、情绪反应和观念,这些都会对个体在具体情境下的意义感受产生特定影响。自我调节既有发展的阶段性,也有个别差异,而且到了青春期之后阶段性特征不再明显,差异增大。

与认知发展密切相关的是意识角度的变化。对同一情境、同一事件,意识角度不同理解的意义会不同,行为反应也会不同。以学生的课堂反应为例。一年级课堂老师提问时,举手十分踊跃。学生不管自己能不能回答都会积极举手,举手就让他们觉着自己表现好。高年级课堂提问时,举手人数稀少。问题容易了,怕显得幼稚不愿意举手;问题难了,怕答错丢脸不敢举手。举手的意义明显变化了。低年级孤立地意识举手的意义,高年级学生会综合几方面(问题难度、回答的能力、同学的看法)感受意义。当然,每个人经历不同,对挫折的观点不同,意义感受又会不同。比如,有的学生会认为,回答问题是尝试和挑战,那么他们会觉得答错了也没有关系,主动回答难题的意义就会变化。

根据行为自我调节的意识变化可以把自我意识发展大致归为四个水平。最初是自我中心状态,根据自己的感觉作出反应,这种自我调节是随心所欲的,无视交往对方的感觉,不考虑结果。人际互动中形成了反观性自我意识,从对方观点意识自己言行举止的意义和结果,能够根据他人对自己行为反应的预感下意识地调节行为。主动的自我调节是对象化自我意识,即能够将自己作为对象来评价和选择目标行动。这是在广泛综合内化他人的观点建立参照系基础上的,这时能够有意识地选择自我超越的行动。进一步的发展是深层次自我意识,认识无意识心理状态。[①]

五年级学生进入对象化自我意识发展阶段。催化发展,一是引导他们**主动建立发展的自我定位**,二是促使他们产生**对自我超越的经历的积极认识和体验**。这是引导学生自我发展的关键。每个人都有一定的自我定位,那是渗透于身心的感受、习惯和要求。定位于旁观者、定位于上进者、定位于尾随者……从他们的言行举止之中随时随地透露出来。从小建立的定位是底色,会伴随人一生。在自我意识转折性变化的时候,容易促使他们有意识地建立积极自我定位。五、六年级学生下述特点是催化发展的内在条件:一方面,成长使得他们对深层的互动有了感受能力,当老师和同学赋予他们信任和期望时,他们能够体会其中的份量,容易被触动;另一方面,与中学相比,小学高年级学生涉世较少,学校生活中的价值取向依然占优势,师长的权威性依然较强。如果让每一位参与担当集体的工作,很容易激起他们的参与担当的勇气和克服不足的努力。参与担当集体工作,也有助于了解各方面的观点,建立综合性的参照视角。

小学将要毕业,学习环境和学历将要变化,这是成长中的一个重大事件。除非与父母关系破裂和彻底失去自信者,多数学生会提出对自己的要求,希望自己学习好,希望在离开生活了多年的小学之前留下有意义的脚印,也会对日后的学习生活产生憧憬,自我意识鲜明起来。这一阶段,通过主题活动,促使学生回顾自己小学阶段走过的路,向自己的经验教训学习:自己遇到过什么挫折,如何从困难中、从挫折中走过来,如何学会学习,如何获得帮助取得进步,如何从幼稚、弱小中长大。学生之间会交流各自的体会,促使相互学习。这会促使学生们建立一个超越当下的自己认识视角,总结提炼出自我超越的经验,建立主动发展的信念。

主动发展的目标导向行为与个体历史感相辅相成,与自我良好定位相辅相成。五年级左右的学生可以通过历史知识的理解来强化自己的归属和认同,为形成一

---

① 李晓文.学生自我发展之心理学探究[M].北京:教育科学出版社,2001:32—43.

个更加广阔的自我归属和定位打下基础。理性思维崭露头角时接触国家历史和文化,有了一定的能力去理解民族和国家的过去和现在。所以,与低中年级学生爱国主题活动不同,除了直观感受的活动,要加强知识的理解和吸收。让他们组织起来搜集整理、表达交流相关主题的知识。搜集了解思考这些知识,不仅会扩大学生的视野,还有助于建立国家民族的意识和责任。这会为他们一辈子的发展打下坚实的基础,形成强大的动力。

（二）促进思维发展

探索思考时、解决问题时,都会产生思维。什么是思维？思维是对事物的本质特征和内在联系的间接地、概括地反映。思维既不是割裂地、凌乱地看待事物,也不是表面地、偶然地联想,而是反映事物之间必然的、逻辑的、因果的关联性。一个幼儿看到下雨了,联想到雨天某某小朋友滑倒摔跤,会说：今天某某又要摔跤了。这是一种偶然关联的记忆,不具有因果关系、不是必然的。这只是表面相似性的联想,还不是反映内在关联性的思维。

思维如何产生？这可能在解决问题受阻现象中最容易看出来。一位弱智少年在水池里洗拖把,龙头开着,转身做其他事。拖把塞住了水池下水孔,水池满了,水溢了出来。他忘了水池里的拖把,看到地上的水,想起雨靴,就把雨靴拿出来穿上了。水继续溢出来,他看到水盖脚面了,就找了个小板凳站在上面。这里也有对事物关联性的反映：地上水——穿雨鞋,水位增高——板凳垫高。不过,这都不是溢水的原因。联想没有朝向解决问题,只是习惯性反应。只有意识到目的在解决溢水,顺着水溢处去寻找问题,然后才能解决问题。

可见,思维要有明确的目的,要能够把问题场中的因素组织起来分析。而起组织相关因素作用的是观点和概念：水从哪里流出来？水被什么堵住了不能流走？目的启动观察思考活动,这里包括观点概念——事物组织的双向活动,即概括演绎。一方面由观点概念产生捕捉事物内在关联的思路,另一方面从相关事物的观察概括出其间的内在关联性。思维活动的意识和概念组织信息,一个是对自己认知活动过程的意识调节能力,一个是概念从表层语言到深层内涵融会贯通的能力,都体现了潜能整合性提升,构成自我对象化意识和抽象思维发展。所以,从培养认知过程目的监控调节意识和习惯、培养概括演绎能力着手,是催化五、六年级学生抽象思维发展的焦点任务,也有助于自我意识调节能力的发展。同样,培养主动发展定位的主题活动中,前述的一些培养自我调节发展的活动中,也可以而且应该渗透思维能力的培养。

(三) 把握教育契机

每个年龄段有每个年龄段的潜能,也都有相应的教育契机。有些正规教育忽视的契机完全可以从生活中弥补甚至超越,正规教育可以责任缺失。然而,这个阶段的抽象思维和自我意识发展契机却不可为教育忽视。因为抽象思维和意识监控调节能力必须在高水平的学习过程中,在有效的教学引导中形成。脱离具体经验的概念只是空洞的名称,没有内涵意义。只是具体经验,哪怕再丰富,也不能成为抽象的能够用于思考的观念(形式化运算)。抽象思维,或者说,形式运算,不是概念的名称,而是富有内涵的深刻理解内化了的观念,随时随地影响人的思考、感受和行动。杜威从思考的角度谈观念,他说:"如果不把观念当作研究事实,解决问题的工具,那么就不是真正的观念。"①"逻辑的观念就像一把可以打开锁的钥匙。用玻璃将一条梭鱼与一条可捕食的小鱼隔开,梭鱼头不断碰撞玻璃,直到筋疲力尽,也不能得到它的食物。动物的学习都是通过试验性的方法漫无目标地乱碰,一直继续下去直到取得成功。人类的学习如果不在观念的基础上进行,也会如此。"②

幼儿在生活中接触到各种事物,与大人的对话用语言的名称称呼人和事物,形成了对人际关系和物理世界事物属性的一些观念,他们可以用这些观念辨别事物的颜色形状、定位空间时间和人际关系,作出适当的反应。没有经验积累,缺乏内涵基础,只能仅仅是概念的名称。因此,不能引导适当的认识活动和交往。比如,幼儿没有掌握称谓概念,会根据自己爸爸妈妈的特征来判断爸爸妈妈的称呼,可能会奇怪老师的爸爸怎么是个老头。幼儿对数概念没有足够经验积累时,只会用一个习惯了的数字回答关于数量的提问。这些都是同类关键属性经验积累形成的内涵经验。

抽象思维的发展,依据的经验不是简单的类属性了,是场合、话语、事件之间的

---

① 〔美〕约翰·杜威.我们如何思维[M].伍中友,译.北京:新华出版社,2010:88.
② 〔美〕约翰·杜威.我们如何思维[M].伍中友,译.北京:新华出版社,2010:89.

内在关联性。能够觉察内在关联性，用抽象概括的话语组织它们。经常积累这样的经验，形成逻辑规律的内涵认识，遇到抽象概括的话语，自然从经验发出联想，就会明白抽象概念的言下之意。所以，抽象思维发展需要这样的实践经验：从场合、话语、事件之间概括提炼其内在关联性，根据抽象概念的演绎推理觉察出所遇见的具体场合、话语或事件之间的内在关联性。这样的思维过程通常伴随着意识监控和调节。

缺失发展抽象思维和意识调节能力的实践，会造成学习和生活基本能力缺失。结果是：不会表达自己的感受和想法，不会监控自己的想法和感受。一旦只能用别人的语言、用套话表达观点，学习时不关注、不能够有自己的理解，做事时只能呆板地遵循程序或刻板地固守习惯。难以有条理、有计划，容易像没头苍蝇那样草率盲目。容易造成感受与体验分割、思想与情感分割、行动与目标分割。轻者不能创造或低效劳动，重者心理机能混乱，产生人格障碍。

什么情况会压抑抽象思维和自我意识潜能发展？凡容易让心脑游离在外的状态，都会导致意识散漫、思维散乱。比如，只遵守活动操作程序，不关注活动内涵的投入；只强调对话形式，不关注对话的实际展开。心不投入，不能意识活动展开的状态，甚至不清楚自己要干啥，难以形成对自己工作状态的了解和调整。

凡忽视整体只关注细节，表达抽象忽视内涵的，都会阻碍抽象思维，只会僵化记忆。比如，只要求关注好词好句，忽视文章主题表达；只鼓励讲关键话语，不注意话语内涵的把握；只关注活动投入，不注意引导体验的梳理表达……抽象思维是用抽象符号思维，建立在对概念内涵的把握理解基础上的。只有理解了概念的内涵，理解了渗透在文章各部分的主题，语词才不再空洞。这种情况下，概念才能成为思考的工具。

三、催化潜能的教学方法

（一）引导思维和意识发展

1. 思维和意识发展的状态

抽象思维和意识常常是缠绕在一起发展的。在读书、对话和解决问题实践中，与各种外来信息和内在经验碰撞中,进行信息的整合、提升,这就进入思考。完成高质量的思考,同样需要有所准备,以保证不仅仅与各种情况交汇,而且要能够产生清晰的抽象水平的思考。这就需要更高的自我意识——不仅观察着外界发生的事情,而且脑子里有一个"我"观察着"我的"观察和行为,"我"心里模糊、朦胧的感触。这就是把自己作为对象的自我意识。显然,观察内心比观察外界要难得多,更需要事先要求。然而,儿童潜能的发展往往是在无意识之中形成的,虽然会有新的感受和认识,但是常常是笼统模糊的。无意识的模糊感受是非语言性的,难以清晰,亦难以明确表达。所以,不能成为稳定的结构性发展。

皮亚杰称稳定的结构性发展为"平衡化"。皮亚杰提出,同化和顺应及平衡化是认知发展的机能。认知的同化机能含义是,人们根据自己拥有和习惯了的思维方式认识外界事物。顺应是在对客体或事件的特点作出反应中调节自己的认识,顺应意味着意识到事物的结构特点。当同化和顺应达到平衡时,一方面表现出同化从属于客体的属性,同时又意味着顺应也从属于主观的认知结构。当认知发展达到比较完善的水平时,能够形成平衡。皮亚杰认为,知识获得和智能发展的机制是双向建构的。即主体形成知识的同时,也发展了自己脑中的认知结构。这是在主体积极的实践活动中形成的。然而,活动中的发展未必使意识清晰,需要探讨如何促进平衡化。埃尔金斯德提出了平衡化产生的一种形式——"内涵学习"。他说:"儿童听到并获得一些对他们来说并无概念的词语,又由于无意识的实践智慧的作用,他们获得了许多没有词语的概念。因此,儿童极力要把他们的概念与他们的语言符号联系起来。我建议称此过程为内涵的学习。内涵的学习明显地与意义的构造有关,与在概念和形象符号之间建立链接有关。这也是儿童理解其周围环境的一种努力。"[①]通过将模模糊糊的感受、概念与表达符号建立联系,促使学生把心中的感受转换成结构化的语言表述,促使认知发生跳跃性发展。

"促使内涵学习的机会在学生的学习生活中经常会出现,也就是说,教师随时可能促使学生达到认知发展的新台阶。比如,学生在一次次的游玩、参观、交往、集体活动之中,经常会产生不同程度的感受,这些感受不经意间就会消逝。教师应该创造机会让学生用日记、周记和作文的形式整理和表达自己的感受,并且通过在集

---

① 埃尔金斯德.儿童发展与教育[M].刘光年,译.上海:华东师范大学出版社,1988:109.

体之中的表达与交流,积极地促成他们的内涵学习。这种学习在学生认知的发展上具有特殊的意义,因为它们相当于在认识的吸取和加工之间形成平衡,具有使认知明朗化并实现向认知结构递进性跳跃的作用。"[1]

内涵学习最适宜催化抽象思维发展。埃尔金斯德指出:"内涵学习的真正意义包含着具体运算水平的经验的再表征。因此,也可以说有一种具体运算水平的再表征的智能,它先于形式运算水平的反省智慧而存在。"[2]也就是说,抽象思维是建立在丰富的具体经验反思之上的,对具体的尚未清晰意识的经验的反思和梳理提炼。这样的过程进行着对具体经验的重新审视和加工,形成一个个基于经验又整合超越经验的观念。观念的组织是软件系统,是隐形的。但没有它,概念只是符号的表层意义,难以产生抽象思维。内涵丰富的观念组织,在遇到抽象概念时产生相关联想,帮助理解和吸收抽象的概念。所以,催化抽象思维的内涵学习,要有意识地在抽象概念与具体体验之间建立联系。用概念来组织具体经验,用具体经验来充实抽象概念。形成有意识的认知活动,需要激起意图、引起反思。展开活动之前要提出认知活动的要求,并且引发自我监控的实践。以特定主题展开的合作创造活动,以及活动结束后的班会交流,设计引导得好,可以充分展开抽象概念的内涵学习。

思维发展与语言密切关联。一方面,思维发展了,才可能显示出一定的语言学习能力,掌握相应的语言。另一方面,学习和使用语言可以让观念更加清晰,而且可以梳理和产生新的观点。概括归纳、推理分析的双向思维过程都与语言能力的学习训练融合产生,语言表达成为思维的外化。所以,归纳演绎的语言表达学习和训练成为培养思维能力至关重要的途径。概括中心思想和展开思想的语言训练最可能培养归纳演绎能力。

2. 引导思维和意识的策略

明确学生学习活动中的思维和意识状态,教学中针对性地加以引导,随时可以催化学生思维和意识发展。演绎推理是把概括性的观念具体展开,概括归纳是把具体的实践经历和体验组织成为概括的语言。这一双向过程是思维抽象的基本过

---

[1] 李晓文,王莹.教学策略[M].北京:高等教育出版社,2011:44.
[2] 埃尔金斯德.儿童发展与教育[M].刘光年,译.上海:华东师范大学出版社,1988:110.

程,一个从概念语言展开,一个用概念语言收拢。解决问题过程更多进行的是演绎推理,根据原先的经验和观念设想和展开。总结反思过程更多进行的是归纳概括。当学生为交流作再创造,能够突显出其中最重要的感受,形成进一步的抽象,从而提升观念组织,加深观念影响力。由此强化观念的领悟力,为今后学习和解决问题的思维建立有效的心智工具。

为避免只有行为投入而无能力的锻炼,必须有特定的任务要求。教学活动开始,就要提出意识指向潜能锻炼的任务,通过具体的任务要求和评价标准进行引导。用任务启动行动过程的思考,启动对自己心理活动的意识。任务要求要贯穿教学活动的全过程:学习过程聚焦关键环节的投入,引导比较和相互学习,促使锻炼中感悟和提高。让一系列活动——合作实践、协商创造、反省提炼、再创造表演、班会交流——贯穿自我意识和自我调节,展开观念组织建构的概括—演绎双向推理实践。

充分利用协商对话的思维和意识培养作用。协商对话最能够反映意识和思考状态。对话相互呼应:赞同、补充、异议、争论,七嘴八舌产生新的主意。这些现象都贯穿着意识监控和调节活动,都伴随着思维活动。如果对话只遵循着形式,不断重复同样的话语,"谢谢你们的建议,我们一定努力",但不知对方说了什么;如果对话中说着抽象的概念,但不清楚具体所指是什么。这些现象中没有意识调节,也都不利于锻炼思维能力。合作和对话是锻炼思维和意识调节的机会,实实在在进入合作实践和对话协商,才能够发展思维和自我意识调节。

在阅读和随笔学习、实践中渗透思维和意识调节能力的培养。阅读和随笔最需要归纳演绎双向思维能力。阅读要会归纳概括,提炼出文章的中心思想,随笔要展开,把心中的感触蕴含在具体的描述当中。阅读归纳和观点表达的学习训练,应是最适合籍以培养思维和语言能力的。低年级开始学习阅读,中年级开始学习写作。为了促进抽象思维潜能发展,小学高年级的阅读和写作要有新的要求。学会和养成独立阅读思考的习惯,需要重点培养使用语言归纳演绎的能力。阅读理解不脱离文章讲套话,能够用自己的语言贴切地组织文章概括和观念展开。质的提升建立在量的发展基础上。基于阅读实践,有意识地提高阅读速度。培养快速阅读能力,可以为学生课外阅读有效学习创造条件,也有益于催化学生高水平的思维活动。

将阅读概括和随笔写作训练贯穿于主题班队活动之中,充分开拓潜能实践的机会。 主题班队活动应该是阅读概括和随笔写作的重要实践场合。到了高年级,主题班队活动水平要提高。提高的一个重要方面是阅读扩充知识,阅读文本水平和加工难度提高。围绕班队活动主题阅读书籍,交流各自搜集到的资料,以小组为单位进行阅读和写作交流。阅读交流过程是训练归纳演绎思维的好机会。班会活动方式的设计就可能充分开拓训练的功能。比如,故事交流时可以采取两种方式呈现:先概要介绍故事主题和展开讲述。再如,全班交流时要展开小组之间的对话,探索高质量互动的对话形式。先呈现主题简介时,可以让观众猜测故事的内容。先呈现故事内容时,可以先请观众尝试主题概括,演出小组点评并且呈现自己讨论形成的概括。

(二) 阅读概括

1. 学生在阅读概括中的困难

了解分析学生阅读概括时容易犯的错误,有助于针对性地指导学生学习。我们通过一项阅读概括训练研究发现,[①]学生在概括时会出现如下错误:照搬原文,不会用自己语言概括;表达不简练,主语重复,修饰语过多。下面是典型的两例:

> 哥伦布是个航海家。哥伦布发现了新大陆。有一回,哥伦布……
>
> 在一个炎热、极度缺水的地方,那里的每个人靠着三斤水来生活,有一天,一头老牛实在不能忍了,于是它奔到运送水的路途,拦着运水车,骂骂咧咧的司机驱赶着老牛。可是老牛就不走,过了一会儿,老牛的主人来了,他用皮绳子抽打着老牛,但是老牛就不走,老牛身上流着鲜血,士兵和司机都哭了,有个士兵决定给老牛三斤水,但是老牛并没喝,而是让自己的孩子喝,老牛舔着小牛的眼睛,小牛也舔着老牛的眼睛。

第一个例子主语重复,显得累赘。第二例细节和修饰词多了,而且复述原话。这两个例子还不是最差的,最差的是偏离文章胡乱编排。错误和问题呈现出的,是学生所面临的困难。分析为什么陷入困难,是寻找解决问题的办法的重要路径,扶

[①] 朱玲. 小学四五年级阅读概括实践研究[D]. 华东师范大学,2012.

助学生采取合适的方式学习和实践,可以催化他们的语言和思维能力发展。

先看看这些问题被困在哪里?首先,概括提炼建立在阅读输入全文信息基础上。如果阅读没有留下印象,就只有用自己脑子里的东西来取代,这时就会脱离文章的杜撰;其次,阅读记住了文章,但不能建立文章结构或故事脉络,就难区分主次,因此就不能进行取舍。不能筛选取舍时,就会眉毛胡子一把抓,笼统记下、和盘托出;最后,掌握了文章结构或故事脉络时,需要提炼出核心思想,用语言表达。这就不止需要筛选归纳,而且需要进一步的提炼加工。所以,阅读加工主要包括三个环节:留下重要信息的印象—建立故事脉络或文章结构—提炼主题思想。

这个过程离不开语言的梳理,也离不开意识的关注。要有意识地归纳整理阅读的信息,捕捉自己阅读过程的认识、体验和思考,将之用语言准确表达出来。准确表达意味着不是空话套话,是自己发自内心的话。这样的阅读梳理提炼表达没有现成的语言可以直接拿来用,而是语言和心理活动交互作用、不断清晰的相互生成过程。阅读加工、意识活动,都是内心自己跟自己对话。对于抽象思维步入成长的儿童,独自进行这样的过程的力量会不足。这就需要外部的对话帮助,与老师、同学对话,外部的对话会加强阅读过程的意识和语言梳理的力量。教学是指导学生在交流中、在思维碰撞中相互学习、引起反思,促进阅读加工。

2. 阅读概括策略

一般,阅读教学通过标题进入阅读——根据标题设想文章说些什么,带着预测去阅读验证。阅读过程不断形成新的猜测、不断去验证。具体的流程如下图所示。[1]

这里的猜测不是一般的动脑筋猜谜语,目的是提高注意力,进入主动阅读加工状态。猜得对不对没关系,但要能够合理地去猜测。以便启动注意力,投入于阅读。所以,教师可以提供相关背景信息引导预测,让学生的猜测能够有一定的方向。

朱玲在叙事文速读训练研究时,访谈了解了学生阅读过程的加工方式。发现学生们阅读过程的加工有画面、语音和身临其境的感觉。具体谈到:(1)脑海中产生画面;(2)脑海中出现文章语言;(3)脑海中出现人物对话;(4)把自己作为其中的一个角色放入故事情境中;(5)脑海中出现故事流程。这些反映表明,阅读时想

---

[1] 辛曼玲,陆怡琮,辜玉旻.阅读理解策略教学手册.中国台湾地区教育部,2010.

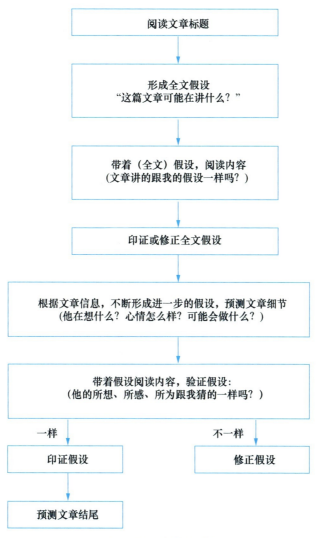

图3 阅读概括流程图

象相应画面和对话,会对加深印象产生作用。更值得关注的是,学生们在阅读过程中很可能会有下意识的加工,关注他们的加工,提示他们观察加工方式和效果,有意识地进行调整。

快速阅读时,对文章的印象与文章脉络几乎是同时加工的,一面抓住重要信息,形成印象;一面把重要信息串联起来,建立结构。阅读叙事文,脑海中出现故事流程是串联加工,把自己作为其中的一个角色和把自己作为旁观者放入故事情境中,都可能产生串联故事的效果。预测在阅读的串联加工中具有重要作用,既有助于推断把握文章结构,也会加快阅读速度。除了相关经验,掌握表达句群的关联词,是预测文章结构的重要基础。"句群是篇章构成的基本构件。构成句群的单位是单句或复句。"①看到特定句群的关联词,敏感于行文结构,可以预感后续段落的内容性质。小学语文教材中出现最多、小学生日常生活中普遍运用的有四五种基本句群:连续句群、总分句群、并列句群、因果句群、转折句群等。② 有特定关联词或叙述格式。看到关联词"起先……后来……""才""便",或表现时间变化、场景变化等表现过程的描述,就预感是时空连贯或事件承接的内容;看到"因为""所以"等关联词,就预感在描述缘由或必然后果;看到"但是""不过"就预感将提到逻辑转变的描述或观点;看到总分句群就预感后面的叙述是对头一句的具体描述。这样阅读可以跳跃,眼动仪研究也验证,阅读水平高者眼动轨迹是跳跃的,而且时有回顾。一旦搭建起文章框架,阅读相当于在框架里填充内容,尽管印象不深的内容会模糊,但结构是明白的。

把握了文章脉络,能够分清主次,文章中心思想就容易浮现出来。语言归纳表达是进一步的工作。表达本身又是进一步的梳理归纳。概括是重要的思维能力,缺乏这一能力,会造成学习和工作的困难。比如,投入很多时间阅读也难有收获,面对问题理不出头绪,成功投入后难以总结经验。概括能力未必随年龄增长而自然形成,完全需要在教学中加以指导培养。之前提到的学生归纳文章主题容易出现的错误主要是:表达不简练,不会用自己的语言概括。综合研究生朱玲的论文研究③和台湾地区学者的阅读理解策略研究,④归纳处理从两个角度着手:一是删减;二是用自己的语言概括。

(1) 删减的主要原则

① 删除与主题无关的细节。

② 删除重复的信息,主语相同时,后续的句子用代词表达。

③ 可以省去的形容词就省去。

---

① 吴玉如.中小学生语文能力培养与实践[M].福州:福建教育出版社,2014:182.
② 吴玉如.中小学生语文能力培养与实践[M].福州:福建教育出版社,2014:183.
③ 朱玲.小学四五年级阅读概括实践研究[D].华东师范大学,2012.
④ 辛曼玲,陆怡琮,辜玉旻.阅读理解策略教学手册.台湾教育部,2010.

(2) 概括表达的原则

① 语词归纳:用概括性的词代替一连串的名词或动词。比如,用"水果"代替苹果、香蕉、梨子,用"运动"代替跑步、打球。

② 选择与创造主题句:选择删减后留下的句子,如果不足以表达,则重新撰写。

③ 润饰:加上合适的关联词,把删减概括的文字连接起来,使表达流畅。

3. 选择尝试

刚开始学习概括时,有些学生难以判断归纳的合适性。这时候可以提供几种归纳的摘要,让学生在比较中感悟什么是准确概括?什么是不简练?不少学生未必能够根据原则就明晰,需要具体感受。可以通过提供正确和错误的主题归纳,让学生快速判断选择。举例如下:①

我最好的老师

怀特森先生是我六年级时的科学课老师。他是一个很有个性的人,教学方法独特,常常有出乎意料的举动。

记得第一天上课,他给我们讲授的是一种名叫"猫猬兽"的动物。他说这种动物一般在夜间活动,因为不能适应自然条件的变化而绝种了。他一面侃侃而谈,一面让我们传看一个颅骨。我们全都认真做了笔记,然后是随堂测验。

当他把卷子发下来的时候,我惊得目瞪口呆,因为在我写下的每一个答案后面,竟然都被画了一个刺眼的红叉叉。我得的是零分!可这不公平,因为每一道题都是根据我的课堂笔记回答的。而且,吃惊的并不是我一个人,我们班上的所有同学都得了零分。

"很简单",怀特先生说,"关于猫猬兽的一切,都是我故意编造出来的。这种动物从来就没有存在过。因此,你们记在笔记本上的,全部是错误的信息。难道你们根据错误的信息得出的错误答案,还应该得分不成?"

不用说,我们全都气炸了。这算什么测试?怀特森算哪门子老师?

怀特森先生似乎根本不理会我们的心情。他说,每一个人都应该具有独

---

① 改编自朱玲. 小学四五年级阅读概括实践研究[D]. 华东师范大学,2012.

立思考和独立判断事物真伪的能力,同时也应该具有怀疑的能力。他告诉我们,当时他让我们传看的只是一个普普通通的猫的头盖骨,并且他还提醒过我们:到目前为止,世界上从来没有发现过这种动物的痕迹——那么这个头盖骨是从哪儿来的呢?当时我们中间居然没有一个人提出疑问。"其实我的破绽还有很多。其中包括猫猥兽这个古怪的名字,你们却都深信不疑。"为此他特别强调,本次测试的零分记录将写进每个人的成绩报告单。同时,他希望我们从这个零分中吸取教训,不要让自己的脑子睡大觉,一旦发现问题,就应该立刻指出来。

从此,科学课对于我们来说就成了一种"冒险"。怀特森先生总是想方设法让我们来接受他的挑战。有时,为了驳倒他的一个貌似正确的"论点",我们常常会在课后花好几小时甚至几天的时间去思考和论证。然而,正是在一个个饶有趣味又充满刺激的过程中,我们逐渐增长了见识,也逐渐懂得了如何去接近真理。这是一种终身受益的教训。

下列选项是本文主要内容的概括,请在其中选择你认为**最简要的概括答案**,圈出"选"或"不选",并**说明不选的理由**。

  A. 怀特森是一位科学老师,他的教学很独特。第一堂课他给我们讲了一种动物,我们都得了零分。原来他提示过这是根本不存在的动物,而在他给我们展示头骨时没有人质疑。从此,我们都认真去思考和论证他教的内容。

  选/不选,理由:_____。

  B. 怀特森是我们的科学老师,他的课总是让我们冒险,还想方设法让我们得零分。第一堂课他给我们讲了一种世界上尚未发现痕迹的动物,而在他给我们展示头骨时,也没有人质疑。我们全部得了零分。

  选/不选,理由:_____。

  C. 怀特森先生是我们六年级的科学老师。他是个很有个性的人,他的教学也很独特,常常有出乎意料的举动。第一天上课,他给我们讲一种叫"猫猥兽"的动物,然后随堂测试。结果,我们全班都得了零分!这不公平,因为我的答案都是根据笔记写的。然而,他却告诉我们"猫猥兽"的一切都是他胡编乱造的。他也在课上提示过我们世界上从未发现过这种动物的痕迹。可我们却没有对展示的头骨提出质疑。这次零分记录要写进成绩报告单中,他希望我们吸取教训,不要让脑子睡大觉!从此,我们都认真思考和论证他教的内容。

选/不选,理由:_____。

D. 怀特森教我们科学课。他的教学很独特。第一堂课他给我们讲了一种根本不存在的动物,但在他给我们展示头骨时却没人怀疑,因此全部得零分。他让我们知道了不要让大脑睡大觉。

选/不选,理由:_____。

E. 怀特森老师的第一次科学课给作者留下终身受益的教训。老师讲述了一个从未留下痕迹的动物,却矛盾地呈现了动物的头骨。因为没有人质疑,全班测验得了零分。从此科学课充满挑战,学生们学会如何去接近真理。

选/不选,理由:_____。

上述几项选择除 A、E 外,都不正确。有的啰嗦,有的没有抓住要点。这样的方式提供了具体示范,让抽象的思维提炼变得直观。同时也不是被动学习,需要学生积极思考,比较中揣摩。A 和 E 是从两种角度着手的概括,A 根据文章顺序思考,D 从结尾反过来梳理。很多文章最后提炼,这是概括主题很方便的抓手。主语的表达也可以用不同的方式。呈现不同的正确做法,让学生学习不同角度的提炼。这样让他们感受抽象思维的本质特征。抽象思维是灵活的,语言表述可以不同,只要抓住关键的主题。

(三)随笔教学

随笔是一种取材自由、篇幅短小、笔法灵活、富有生命表现力的文学体裁。抒写的是对生活的某种感受,捕捉瞬间的思想火花,抓拍一闪而过的场景,真实地反映自己对事对人的认识和评价,真挚袒露自己的内心。一般情况下,小学老师不要求学生写随笔,认为要求太高,更多要求学生写日记周记。日记也是日常个人写作体裁,有观察日记、生活日记等多种日记内容,它的最大特点除了真实性,还有持续性,通常要求天天写。由于小学生生活内容比较单一,观察能力较弱,不会发现日记素材,加上是奉老师之命写作,往往把日记写成流水账用以交差。学生不愿意写,对提高他们的写作水平意义不大。但是,随笔有独特性,关键特点在随意:取材自由。一景、一事、一物、一理,家庭事、学校事、社会事,不限内容,皆可以写。不限场所，有事就写，有感就发，只要书写的是真实的事与物、抒发的是真实情感。因为随意，可以保证真实的表达。这使得随笔练习对学生发展具有特殊作用。因为真实，可以避免容易出现的写作脱离真情实感、生搬硬套的问题。不刻意为之，拒绝娇柔做作，摈弃虚情假意、空话套话。充分发挥随意写作的优势，通过真实反映所见、所感，随笔可以成为儿童心灵的窗口和发展的催化剂，能提高小学生的观察能力、思考能力、表达能力。所以，很有必要鼓励小学生写随笔。老师们的教学实践证明，写随笔是促进学生发展的有效举措。观察面广了、生活积累多了、想象力丰富了、情感细腻了、思想深刻了、文风率真了、写作信心增强了，写作的快乐感油然而生。学生写作量大，老师批阅工作量也随之增大，但老师们乐意。一位老师深情地说："不要总是认为我们是在付出，其实我们也在收获。看学生的随笔，可以从学生那里获得许多的充实、感动和思考。"随笔好处很多，但是要达到理想效果，需要老师指导和帮助。

1. 突破对写作的拘束，激发学生写随笔的内在需求

小学生在生命成长过程中，会遇到各种各样的事，见到各种各样的人，有丰富的思想情感，写随笔正是一种如实记录自己生命成长旅程、抒发内心情感和与他人沟通交流的好形式。老师需向学生说明随笔的含义、写作要求，以便学生认识写随笔的价值，消除对写随笔的恐惧心理，产生写随笔的内在需求。

随笔与往常的作文要求不同：写作时态随意，写作形式灵活，只要是真实感受便好；一景、一事、一人、一理都可以写；不限字数，有话则长、无话则短；不限写作时间，一周一次就好，一周多次更好；有事就写，有感就发；目的在记录自己的生活、抒发内心的感受和与同伴、亲人、老师沟通交流；可以写生活中的片段见闻、偶尔经历、点滴感悟、瞬时思考；像在跟别人交流一样在心中对话，讲出自己的感觉；写出来一读，就像身临其境，能触摸到内心的感觉；老师的点评标准随学生进步而提高；一开始鼓励大胆写，只要不说套话，语词粗糙点没关系，真情实感就好，慢慢提高要求，学会有声有色、有滋有味地描述。

2. 多元驱动，调动学生写作兴趣

为了调动学生写作兴趣，可以借鉴以下做法再创造：

（1）开发随笔本功能：可以让学生自行选择和美化随笔本。为了便于长期保存，可以建议学生购买质量较好的随笔本并加以美化：如封面上画心怡的图案，首

页上贴自己的照片、写上自我介绍和前言。还可以老师准备随笔本,放在教室里,由愿意写随笔的学生自由拿取,不统一规定开始写随笔时间。在老师表扬和同学带动下,调动每个学生写随笔的兴趣,形成人人写随笔的氛围。

(2) 开发交流平台。交流随笔能够产生一举多得的作用:一是促动尝试——大家都在写,我也要写;二是相互学习——看看别人怎么写,学点新鲜的;三是促使创造——写出有趣、新鲜的,拿出来亮亮相,相互学习。交流随笔的方式有多种:可以通过班队活动,用各种形式呈现随笔;还可以创办随笔班刊,成立班刊编辑小组组织收集,让大家自荐推荐随笔,编辑组筛选编撰。随笔班刊要尽可能让每位学生有文入选,这需要高频率、长时间坚持出随笔班刊。班刊编辑部工作者人数要多,可以轮流上岗,分工合作;还可以鼓励学生向学校广播台、向各级少儿刊物投稿。

3. 拓宽学生写作视野,提高学生表达水平

学生写随笔兴趣调动起来后,通过上点评课、在随笔上写评语等形式提高学生随笔水平。重点关注两方面:一是拓宽学生随笔视野,帮助学生解决"写什么"问题。在平平常常的生活中发现写作题材,发现学生随笔中出现的独特新韵的话题,教师要及时向全班学生推荐,提升学生捕捉素材的能力;二是提高随笔质量,帮助学生解决"怎么写"问题。教师发现学生随笔中出现精彩的、有深刻含义的描述和思想,要及时组织学生欣赏、背诵、交流学习,提高学生思考和表达水平。

从下面几篇学生随笔可以看到思维具体化的特点。当他们能够从生活中感悟观念时,体现了对观念的吸收和理解,同时也通过这样的具体化,进一步内化、充实和丰富了观念。他们的认识水平也因此而提高,人格因此而逐步丰满。

【时间观念随笔两则】

班级的变化[①]

最近班级又有新变化了,我们班每个人完成作业的时间都加快了,有的甚至在学校就完成了回家作业。

---

① 上海询阳路小学,李家运。

上个星期,老师说,作业在学校完成可以获得奖励。下课后,所有的人都像上了发条似的,一直都在做作业,谁都不愿意从时间老人那里丢失宝贵的一分钟。

放学前完成回家作业的同学果真得到了奖励。后来我知道一向以慢出名的"小爬"竟然也有了巨大的变化,晚上7点钟就完成了作业。竟然一下子快了两个小时,真是突飞猛进呀,我们班变化真的很大!鲁迅先生说过:"时间,每天得到的都是24小时,可是一天的时间给勤勉的人带来智慧和力量,给懒散的人只能留下一片悔恨。"我们都想要成为勤勉的人。只是以前拖拖拉拉习惯了,因而浪费了不少时间。

这不,我在这样的集体中,也得改变自己,不仅要提高速度,还得改变身上的惰性。

时间就是速度[①]

"7点05分了,还不起床!"外公一声雷吼,顿时把我从睡梦中惊醒了。我一个鲤鱼打挺,从床上一跃而起,箭步冲进卫生间:小便、刷牙、洗脸、找发卡——一边还不停呼喊妈妈:"妈妈,快点,我要迟到了!"这早晨的时间真是太宝贵了,眼看时间一分一秒地过去,我的心里是越来越着急。要知道,我一向是班级早到的前三甲呀!我们一家三口以迅雷不及掩耳之势扒下早餐、冲向汽车、开门、上车、加油、走!一分钟的时间就到了学校门口。哇,人山人海,我赶紧下车,拉起书包、穿过人群、拿上班牌冲进教室——还好!还好!还只有一半人,此时,我深叹一口气,顿时瘫坐在椅子上了。

今天早上真是有惊无险哪!平时40分钟磨磨唧唧的事,今天8分钟就全搞定了。看来,压力就是动力!绝对真理!

[①] 常州西新桥实验小学,蒋恩宇。

【亲子关系中的成长意识随笔两则】

小孩的烦恼[1]

大人总说小孩子的生活好,不愁吃不愁穿,他也想回到我们这个时代。可小孩子也有小孩子的烦恼,至少我是这么认为的。

比如说,临近考试了,小孩子要背着家长的希望做练习,整天闭门在家,简直像个"少年犯"。有时候小孩子的思路还必须和家长一样。有一次,爸爸对我说:这道题有问题,我一看,我的答题方式是综合的,他的式子是分步的,道理是一样的,可不管我怎么解释,他就是不听,我只好改过来。大人还经常发出"恐吓"的话语。比如,"你复习好了,明天就能保证得到100分,你明天要是考得差,就不要回来——"小孩子就像一个提线木偶,大人说一就是一,说二就是二,要是做不到,你的身上马上会有一根根红条条。小孩子要是犯了错,大人马上会打,可大人错了呢? 没人批评,为什么? 因为他们是大人。

其实,小孩子有许多话想对大人说,可又不敢讲,只要一讲出来,不知道大人要下什么"暴风雨"呢。大人啊,什么时候你们才会体谅一下小孩子?

戒 烟 失 败[2]

我的爸爸是个各方面都很优秀的人,至少我是这样认为的。可就是这样完美的人,还是有两点不好:一是吸烟,二是喝酒。先别说吸烟对自己不好,也会让家里人吸"二手烟"。医院的牌子上明明写着"吸烟有害健康",每次我和妈妈说他,他都说"不抽了,不抽了"。可他总是言行不一。

"今天下午五点半吗? 在哪里? 好的,好的,马上来!"听,爸爸好像又和哪位朋友密谋一项"重大任务"了。只见他穿好外套,脸上洋溢着笑容。"慢着!"我这个"小当家"不紧不慢地叫着,"是不是又和朋友聚会呀? 不准抽烟! 不准喝酒!""明

---

[1] 上海洵阳路小学,俞飞。
[2] 上海洵阳路小学,余沁烨。

白!"爸爸毫不含糊地说。我突然想到了什么,"把烟盒给我!"他只好乖乖地交出烟盒,"嘻嘻,这回不能再抽烟了吧!"我暗自得意。爸爸没有回答,只是神秘地笑了笑。

晚上,一股浓浓的烟味回来了,还夹着一股淡淡的酒味。"爸爸回来了。"嗅觉灵敏的我一闻就知道爸爸又抽烟了,可是,烟盒已经没收了呀,我迷惑不解。在我的质问下,爸爸只能乖乖地"坦白"了:"我……又买了一包……"气得我朝他直瞪眼。

唉,第一次强制爸爸戒烟,我以失败告终!

【人生哲理感悟随笔两则】

"盐和水分离"小实验[①]

科学课上,老师说,只要滴一滴盐水在手掌心,慢慢吹,就能让盐和水分离。我将信将疑,不知是真是假。我想,判断每个结论是否正确都要先尝试一下,不能轻易就相信了。

说干就干! 我把盐放进水里,搅拌,使它溶解在水里,这样,盐水就做好了。然后,我把它放进滴管,再用滴管往手心里滴几滴盐水,轻轻地对着手心吹气。吹了一分钟,盐和水还没有分开,我有些泄气了,不想继续做了。正当我准备用餐巾纸将它擦掉时,我忽然又想:如果我再有点耐心的话,说不定我会成功呢。于是,我继续吹了起来,这一次,我用了10分钟,一直吹,终于看到盐和水分开了,我高兴极了,原来,这个结论是真的。

通过这件事,我想告诉大家一个道理:只要有耐心,不管做什么事,都一定会获得成功。

[①] 常州西新桥小学,房金炎。

不一样的北京之行①

今年暑假,妈妈带着我去北京游玩,我十分高兴。因为我有机会去亲眼目睹"鸟巢",亲临2008年北京奥运会的比赛现场,心中的期盼和骄傲已经从心底溢到了脸上。这次北京之行我收获很多。

上 飞 机

我和妈妈上了飞机不久,飞机起飞了。妈妈往我嘴里塞了一粒糖,飞机在跑道上越跑越快,最后机头一抬就上了蓝天。从机舱里向下看,汽车、房子就像积木一样。渐渐地,飞机穿过了云层,云像一条大被子,洁白而柔软;由近向远望,就像天上神仙的浴池……我看得正入迷时,小姐端了点心、饮品和各种品种的饭菜过来,很好吃呢!不过一会儿我们就到达北京机场。此时,我呼吸到的是北京的空气,空气里弥漫着奥运会的味道。

看 比 赛

第二天,我们去了鸟巢看足球比赛。鸟巢可真大呀,我们好不容易找到自己的座位,已经累得气喘吁吁了。我观看的是两个外国球队比赛。双方球队进场时,我振臂高呼。首先阿根廷发起猛烈进攻,尼日利亚招架不住,阿根廷领先一分。一会儿,尼日利亚开始反攻,但是,虽然攻势凶猛,还是没有得分,最终阿根廷以1:0获胜。我因为一直高喊"加油"喊哑了本来就沙哑的嗓子。

去 天 坛

第三天,我们去了天坛。天坛有很多经典,祈年殿就是其中之一,后面是皇乾殿,最有意思的是回音壁,说话时声音会反弹。最后是圆丘,它是根据9×9=81的原理建造的,站在天心石上讲话,声音会十分圆润。

快乐的时间总是特别短,三天北京之行一晃就过去了。在这个奥运年代我到北京旅游显得格外不同,有体验奥运的欢喜,有对北京文化的触摸,我体会到"读万卷书 行万里路"的真正含义。

---

① 上海询阳路小学,俞飞。

（四）课外阅读课内指导

随着学生成长，学生在课外阅读中诵读儿歌童谣、阅读童话故事、科普读物、哲理故事，阅读能力逐步提高，对于五年级学生，有必要将课外阅读关注点转向古典名著。

各版本五六年级教材中都有名著片段，"美猴王出世""林冲棒打洪教头""鲁提辖拳打镇关西""景阳冈""空城计""三顾茅庐""草船借箭"等。这些片段故事情节曲折、人物形象丰富，教材又将古代白话文改为现代白话文，深受学生欢迎。在阅读课文的同时鼓励引导学生课外阅读原著是可行的。但是，小学生阅读古典名著还是有难点的，主要有：古典名著是章回体小说，篇幅长，难坚持读完全本；书中人物众多、关系复杂，难以理顺；名著是用古代白话文书写，小说中还有许多诗词歌赋，学生难读懂。因此，阅读古典名著同样需要指导：

1. 有选择地阅读原著

原著阅读可以从《西游记》开始。因为书中有光怪陆离、神奇瑰丽的魔幻世界，曲折离奇的故事情节，丰富的人物形象，个性化的人物语言。语言又相对浅显，饶有趣味，这些都是这个年龄段孩子喜欢的。虽然古代白话文比现代白话文难，但书中短句多、带有口语特点，读起来比文言文容易多了。加之《西游记》有精彩绝伦的影视作品、有各种简易的青少年版本，学生们对《西游记》故事情节、人物形象早已耳熟能详，这也为阅读原著提供了有利条件。

2. 阅读要求逐步提高

学生阅读原著一般经历三个层次：泛读——精读——赏读。

（1）泛读：阅读采用快读、跳读形式，跳过大段情景、人物描写和诗词歌赋，了解故事基本情节和主要人物。阅读时可借助画情节发展线索图、人物关系图帮助自己理清情节和人物关系。

（2）精读：开始阶段可以选择感兴趣的情节片段或主要人物精读，用语文的视觉阅读，配合点、划、查、问。

① 点：点出生字、不理解词语、概念和值得记忆积累和思考的地方。

② 划：划出精彩段落、修辞手法、人物特征。

③ 查：查找工具书、利用网络资源或询问他人。读出字音、理解词意、了解背

景等。

④ 问：在疑难处、矛盾处打上"？"，留待以后深入思考或询问他人。

⑤ 赏读：阅读批注。阅读过程中，边读边思，给文章加上批语和注释，可以是概括内容，可以是品味语言，可以发表自己的观点、见解、疑问。

"不动笔墨不读书"是阅读的好习惯，需要从小培养。实际教学中，从一年级开始老师们就要求学生阅读课文时根据要求划词语、句子，但是，不少老师没有随着学生年级升高提高点划批注要求，更不要求学生阅读课外书时运用点划批注，不做具体指导，因此学生批注能力不见提高，无形中影响了学生阅读思考能力的提高。

3. 上"课外阅读课内指导"课

名著"课外阅读课内指导课"课型多样，根据本班学生阅读情况和发展需要选择。因为名著多为长篇章回体，阅读时间跨度长，不同阅读阶段学生难点不同，一般可以分为导读课、交流课、赏析课。

（1）导读课：用观看视频、游戏等方式帮助学生了解小说基本内容，解决一些基本难题，激发学生阅读兴趣。

（2）交流课：交流课内容和形式更是多种多样。例如，用讲故事、表演、班报等形式交流故事内容、人物形象、精彩语段等，交流对小说主题的思考，也可以交流阅读方法，交流如何点、划、查、问、批注等。

（3）欣赏课：有内容欣赏——场景欣赏、人物欣赏、细节描写欣赏等，有学法欣赏——朗读欣赏、讲故事欣赏、读书笔记欣赏、批注欣赏等。

案例

古典名著《西游记》课外阅读导读课教学设计

一、教学目的

1. 了解故事基本内容和主要人物。
2. 知晓章回小说阅读过程。
3. 激发学生阅读古典名著兴趣。

二、教学过程

（一）课外阅读反馈。（问题抢答，以小组计分）

（问题先老师出，各组抢答。后各小组出题补充，互相拷问）

如：

《西游记》作者是谁？

《西游记》成书于哪个朝代？距今多少年？

《西游记》共有多少回？

《西游记》主要人物有哪些？

西天取经经过多少难？

你能说出哪些孙悟空的故事？

你认为《西游记》的主题什么？

……

说说你的阅读过程。

（二）我喜欢的故事片段。

（每人在小组中简述自己最喜欢的故事片段，选出代表在全班讲）

（三）提出阅读中的困难和对小说内容、人物的质疑。

（四）观看电视剧《西游记》片段。

第三部分

活动参考读物

儿　歌

上　学

按时上学不迟到,书本文具齐带好,
衣着整齐讲仪表,问早问好有礼貌。

上课铃声响

上课铃声响,小朋友们进课堂,
文具课本放整齐,静候老师把课上。

课间休息

文明休息不喊叫,上下楼梯往右靠,
教学楼内不奔跑,互相友爱不争吵。

课堂作业

课堂作业认真做,抓紧时间不要拖,
字迹端正要规范,认真检查少差错。

课 堂 学 习

专心听讲纪律好,积极发言勤思考,
不懂难题举手问,学习知识记得牢。

同 伴 互 助

同伴走路不注意,摔倒在地我扶起,
帮他拍掉身上灰,互相帮助记心里。

摇 篮 曲

风不吹,浪不摇,小船儿轻轻摇,小宝宝要睡觉;
风不吹,浪不摇,小鸟不飞也不叫,小宝宝快睡觉;
风不吹,浪不摇,蓝色天空静悄悄,小宝宝好好睡一觉。

摇呀摇,摇呀摇,摇到外婆桥,见到外婆问声好,外婆听了微微笑;
摇呀摇,摇呀摇,摇到外婆桥,外婆叫我好宝宝,一只馒头一块糕。

聪明小白兔

小白兔跑得快,不留神和大灰狼撞满怀。
"嗯——狼先生救救我,一只老虎追过来。"
大灰狼转身撒腿跑,一溜烟窜出八里外。
机智勇敢小白兔,唱着歌儿去收菜。

数 指 头

一个指头按电钮,两个指头拣豆豆,
三个指头解扣扣,四个指头提兜兜,
五个指头握一起,拽攥紧拳头有劲头。

连锁调　接龙

小调皮，做习题，习题难，画小雁，
小雁飞，画乌龟，乌龟爬，画小马，
小马跑，画小猫，小猫叫，吓一跳，
学文化，动脑筋，什么都能学得好。

夸　骆　驼

骆驼驮着货，货用骆驼驮。伯伯牵骆驼，一个跟一个。
穿过大沙漠，不怕热和渴。伯伯夸骆驼，干活真不错。

颠　倒　歌

小槐树结樱桃，杨柳树上结辣椒，
吹着鼓打着号，抬着大车拉着轿，
蚊子踢死驴，蚂蚁踩塌桥，
木头沉了底，石头水上漂，
小鸡叼住饿老雕，小老鼠捉住大狸猫，
你说好笑不好笑。

小猴搭戏台

小猴子搭起戏台子，穿起一条红裙子，
引出两只小狮子，舞起三只响铃子，
穿过四个小圈子，抛起五顶小帽子，
叠起六把小椅子，摆起七张小桌子，
转动八个小盘子，挂起九面小旗子，
变出十个小果子，人人都夸小猴子。

青蛙捉虫

河水清清天气晴,小小青蛙大眼睛,
稻田里面捉害虫,做了不少好事情。

大 小 多 少

一个大一个小,一只老虎一只猫。
一边多一边少,一群大雁一只鸟。
数一数瞧一瞧,大小多少记得牢。

口 与 足

口和足不能少,吃喝说唱走跳跑,
唱唱歌跳跳舞,吹吹口哨跑跑步,
生了气跺跺脚,高兴了哈哈笑。

哥哥和弟弟

太阳是哥哥,月亮是弟弟。
哥哥和弟弟,天天做游戏。
你拉不着我,我抓不着你,
跑来又跑去,从东追到西。

小鸡大智慧

小妹妹小弟弟,我来考考你。
你的家,住哪里?电话是多少?门牌是几?

小小鸡,大智慧,我知道,我知道,
就是不能告诉你!

小猫的办法

鱼儿小,吃不饱,不如养大再吃好。
放在盆里怕鸟叼,放在河里怕他跑。
小猫想出好办法,放进肚里最牢靠。
啊呜一口吞下去,刚刚养了一清早。

左手和右手

左手和右手,两家好朋友。
左手加右手,十个手指头。
左手帮右手,洗脸又漱口。
右手帮左手,画画又打球。

左手离右手,做事没帮手。
右手离左手,干啥都发愁。

左手和右手,永远不分手。
左手和右手,永远是好朋友。

风儿　您真好

春风,您真好,你把花儿吹开了。
一转眼,
果树挂满红宝宝。

夏风,您真好,你把果树摇呀摇。
果宝宝,
个个枝头抓得牢。

秋风,您真好,你把宝宝吹熟了。
果宝宝,
开开心心咧嘴笑。

冬风，您真好，你把害虫吹跑了。
叫世界，干干净净迎春到。

山和孩子对话

山爷爷，你真高，白云才到您半腰。

不，孩子，只要你登上山顶，
就比我还高。

山爷爷，您真美，绿树红花把您环绕。

不，孩子，你的双手和智慧，
能把最美的世界创造。

雨　　点

雨点落进池塘里，在池塘里睡觉。
雨点落进小溪里，在小溪里散步。
雨点落进江河里，在江河里奔跑。
雨点落进海洋里，在海洋里跳跃。

谜　语　歌

一个小姑娘，立在水中央，
身穿粉红衣，坐在绿船上。

（猜一植物——荷花）

头上两根毛，身穿彩花袍，
飞舞花丛中，快乐又逍遥。

（猜一昆虫——蝴蝶）

紫色树开紫花，紫花谢了结紫瓜，
紫色皮肤白色肉，白色肉里有芝麻。

（猜一蔬菜——茄子）

两个小弟一样长,你要吃饭他帮忙,
喜欢给你夹菜,不爱给你舀汤。

(猜一用品——筷子)

一片一片又一片,又像糖来又像面,
冬天有时满天飞,夏天一片也不见。

(猜一自然现象——雪花)

拍一拍,他就跳,踢一脚,他就跑,
任你拍,任你踢,不喊疼来也不叫。

(猜一玩具——皮球)

低年级童话寓言(可见各版本语文教材)

《北风和小鱼》《棉花姑娘》《小蝌蚪找妈妈》《蚕宝宝》

《尾巴功能》《植物妈妈有办法》《风姑娘送信》《冰熊》《寄冰》

《乌鸦喝水》《猴子摘西瓜》《放羊的孩子》《小水滴旅行记》

中高年级哲理故事(可见各版本语文教材)

《九个太阳》《灰尘旅行记》《太阳和风比本领》《农夫与蛇》

《两只狼和人》《饭钱》《掩耳盗铃》《削足适履》《蝉与狐狸》

《自相矛盾》《杯弓蛇影》《刻舟求剑》《狐假虎威》

《捞铁牛》《曹冲称象》《聪明的女主人》《律师林肯》

《智烧敌舰》《火烧赤壁》《跳水》《暴风雨中》《葬礼》

剧 本

一、《谁是最佳演员》

时间：晴朗的一天。

地点：小溪边草坪。

人物：蝈蝈、纺织娘、蚂蚁、知了——许多昆虫。

场景一　独唱音乐会比赛现场

（比赛开始，蚂蚁主持）

蚂蚁：朋友们，大家好！今天我们举行昆虫独唱音乐会，评选最佳演员。

（昆虫们兴奋地鼓掌）第一个节目：男高音独唱"绿色的田野"，请蝈蝈先生演唱。大家欢迎！（观众鼓掌）

蝈蝈（神气出场）：我叫蝈蝈，是田野歌唱家，我演唱的歌曲叫《绿色的田野》。

（蝈蝈清嗓子，唱。唱完，跳跳蹦蹦下台）（观众鼓掌、议论：唱得真好。蝈蝈歌声真好听……）

蚂蚁：第二个节目：女高音独唱《纺织谣》，由纺织娘小姐演唱。大家欢迎！

（观众鼓掌。纺织娘大方地爬上草叶，煽动翅膀，唱起歌来……观众听得入迷，有的东张西望寻找，并且说：真好听，我以为是纺车在转动呢！演唱完，纺织娘有礼貌地向大家鞠躬，说："谢谢！"）

蚂蚁：第三个节目：知了大哥演唱。……

场景二　评选现场

地点、人物、场景同上。

蚂蚁：演员们表演很精彩，下面评选最佳演员。先小组讨论，然后各小组代表发言。

（第一小组讨论）

组长：请大家发表自己的意见。

青蛙：我认为蝈蝈唱得好，他的声音好听。

蝴蝶：我认为纺织娘唱得好，他唱的歌有意义。

蜻蜓：我不同意选蝈蝈当最佳演员。他虽然唱得好，但是，他破坏庄稼，把高粱叶、南瓜叶咬得都是窟窿，他唱的和做的不一样。

其他：我也认为蝈蝈不能定为最佳演员。

组长：大家继续发表意见。

蜻蜓（大声）：纺织娘应该当最佳演员。

蜘蛛（跳起来）：不行不行，纺织娘整天飞来飞去，根本没有纺过一寸纱，织过一寸布，他也不能当最佳演员。

大家：对呀。那怎么办呀？

组长：对呀，那怎么办呀？

蝴蝶：我建议，听听其他组的意见吧。

齐声：对，听听其他组的意见。

蚂蚁：小组讨论结束，各组代表发言。

一组代表：我们认为他们三个都不能当最佳演员。因为蝈蝈破坏庄稼，纺织娘不劳动，知了损害树木。他们唱的和做到的不一样。

二组代表：我们选纺织娘当最佳演员，因为他不但唱得好，而且有礼貌。

群众（表态，诉说理由）：我同意，因为他不破坏庄稼，唱得也好。

我不同意，最佳演员不但要唱得好，还要做得好。

我不同意，因为……

……

蚂蚁：大家不要争论，回去再想一想，明天再决定。现在散会！

二、《小猴种树》

人物：小猴、乌鸦、喜鹊、杜鹃、老农。

地点：一块空地。

（一个晴朗的早晨。小猴扛着一棵梨树苗出场）

小猴：我是小猴，我喜欢吃水果，门口有一块空地，可以用来种果树。这是一棵梨树苗，我来把它种上。（小猴挖坑、种树、浇水、施肥）

（几天后，梨树长出新芽。）

小猴（高兴地）：哦，太好了，梨树长出新芽了，活了，我就等着吃梨子吧！（手舞足蹈）

乌鸦（出场，站在树上）：哇哇！猴哥，猴哥，你怎么种梨树呢？有句农谚"梨五杏四"，梨树要等五年才能结果，你有这个耐心吗？

小猴（挠挠头）：对，五年太长，我可等不及。还是种杏树吧。

（小猴用力拔去梨树，从场外扛来一棵杏树苗）

小猴（种树、浇水、施肥）：乌鸦说得对，梨树五年才能结果，时间太长了，杏树只要四年。（拍拍身上泥土）这下好了，四年后就能吃到杏儿了。

（小猴天天来看杏树。拎水、浇水、施肥）

小猴（发现杏树长出新叶，兴奋）：太好了，杏树也活了，四年就可以吃到杏儿了。（休息、欣赏杏树）

喜鹊（出场，站在树上）：喳喳，猴哥，猴哥，你怎么种杏树呢？有句农谚"杏四桃三"。杏树四年才能结果，你不着急吗？

小猴（挠挠头）：对呀！四年太长，我也等不及，我还是改种桃树吧。

小猴（用力拔掉杏树。满头大汗。从场外扛来一棵桃树苗）：哎哟！哎哟！这下好了，我可以早一年吃到水果了，而且桃是我最喜欢吃的水果。

（小猴拎水、浇水、施肥）

小猴（高兴地）：啊！桃树也发芽了。（满心喜欢地坐着休息）

杜鹃（出场，站在树上）：咕咕，猴哥，猴哥，你怎么种桃树呢？有句农谚"桃三樱二"，种桃树再短也得三年才结果，你不着急吗？

小猴（挠挠头）：对，三年也太长，我还是等不及。赶快改种樱桃吧。（拔树，扛来樱桃树苗。种树、浇水、施肥、筋疲力尽）

小猴（坐在树边，不停查看树苗）：怎么还没有长新芽？怎么还没有长新芽？

小猴（看到樱桃树枯死，很奇怪）：樱桃树怎么枯死了呢？我是按时浇水、施肥的呀？没办法，重新种一棵吧。（拔树、扛树、种树、浇水、施肥、筋疲力尽）

小猴（沮丧地）：怎么？树苗又死了？一连种了几棵，都没有活。

老农（扛着农具出场）：小猴，你怎么啦？

小猴：我一连种了几棵樱桃树，可惜都没有成活。

老农：你怎么种樱桃呢？有句农谚"樱桃好吃树难栽"。

小猴：最初我是种梨树的，后来……（低头深思）

（请大家帮助分析）

三、《没有快乐的波斯猫》

人物：波斯猫、燕子、蜜蜂、家猫。

场景一

（一只漂亮的波斯猫躺在沙发里，身边盘子里放着美味的蛋糕，奶瓶倒在地上，过着养尊处优的生活。但是，它显得很不舒服，在沙发上翻来扭去，在地板上懒洋洋地走来走去，嘴里嘀咕着）

波斯猫：一点儿也不快乐，真没意思。唉，我到外面去问问别人，怎样才能找到快乐。（起身外出）

场景二

（一只燕子在屋檐下做窝，一会儿飞出去衔来一点泥，一会儿飞出去衔来一节小树枝，一会儿衔来一根羽毛，它一面做窝，一面哼着小曲，自得其乐的样子。波斯猫看到燕子姐姐这样快乐——）

波斯猫：燕子姐姐，你这么快乐。你能告诉我，怎样才能找到快乐吗？

燕子（停下工作）：我的快乐是搭一个窝做家，在家中避风遮雨，养育儿女。

波斯猫（不以为然）：一个泥窝有什么好的？我天天睡在沙发里也没有觉得快乐。（离开燕子，继续向前走）

场景三

（花丛里有一群蜜蜂，有的钻在花心里采蜜，有的带着一身花粉唱着欢快的歌向蜂房飞去，一派愉快、繁忙的景象。波斯猫站在下面都看呆了）

波斯猫（奇怪地）：蜜蜂弟弟你们在忙什么呀？看你们这么累，这么高兴，能告诉我，怎样才能找到快乐吗？

蜜蜂（一面擦汗，一面说）：我们采花粉回去酿蜜，为冬天储足了粮食，多余的蜜还可以给人们做营养品。我们很快乐。

波斯猫（失望地）：蜂蜜有什么好吃的，我主人的冰箱里有的是，我都吃腻了。

(无奈地向前走去)

场景四

(一只家猫躺在太阳下晒太阳,一副懒散而惬意的神态)

波斯猫:小兄弟,你这样躺着快乐吗?

家猫:我很快乐,因为我夜里捉老鼠,肚子吃得饱饱的,又为主人家除了害,主人常常夸奖我。(眯着眼睛,又躺着享受阳光了)

波斯猫(一脸茫然):老鼠有什么好吃的,哪有奶油、乳酪好吃。(低着头继续往前走去)

波斯猫:快乐没有找到,却产生许多问题。燕子、蜜蜂、家猫工作很累,住的、吃的也没有我好,但是它们觉得快乐,这是为什么?大概这些问题解决了就会快乐的。那么谁能帮我解决问题呢?对了,我还是去问问某某班的好朋友们吧。

场景五

波斯猫和某某班的小朋友。

波斯猫:朋友们,我吃得好,住得好,不用劳动,但是我不快乐。可是,燕子姐姐、蜜蜂弟弟、家猫兄弟住的、吃的都没有我好,还要辛苦劳动却很快乐,这是为什么?

同学们纷纷发表观点……

四、《草地上的空塑料瓶》

时间:一天。

地点:草地。

人物:小猴、小猪、鸟、鼹鼠、小兔、小男孩。

道具:一只塑料空瓶。

场景一

(阳光下的草地像一块绿色地毯,生气勃勃,但是一只空罐头躺在上面,显得十分不协调。一只小猴跳跳蹦蹦出场)

小猴:这么好的草地上躺着一只空塑料瓶,弄得不像样子,这肯定是人干的事情,他们最不爱干净。(说着,飞起一脚,把瓶子踢得老远)

场景二

（阳光下，一只野猪舒服地躺在泥地上睡觉，嘴里不停地哼哼，突然一只空塑料瓶凌空而下，打在他的头上）

野猪（捡起空塑料瓶）：谁呀，怎么能乱扔废物，还好，我的皮厚，为了让别人不再乱扔，我还是把它埋在地里吧。（用嘴将泥土挖个坑，把空塑料瓶埋掉）

场景三

（一只兔子从地洞里爬出来，做着深呼吸）

兔子（拿着空瓶，生气地）：是谁呀，这么没有修养，用空塑料瓶堵住我的大门，害得我气也透不过来。（飞起一脚，把空塑料瓶踢向树上的鸟窝）

场景四

（鸟窝里的鸟妈妈一把接住飞来的空塑料瓶，吓出一身汗）

鸟妈妈：哎哟！好在我眼疾手快，一把抱住飞来的瓶子，要不打在我宝宝身上可怎么得了。又不知道是哪个调皮的男孩子干的好事。（随手把空瓶子丢下鸟窝）

场景五

（一个背着书包的小男孩一边唱着歌儿一边往前走，突然一只空塑料瓶从上而下，掉在他的前面）

小男孩（捡起空瓶子，拿在手中……）

（同学们讨论，小男孩怎么说，怎么做？）

（随着同学讨论，视频出现场景——窗台上一排小花插在五颜六色、各种造型的小花瓶里——绿色的雪碧瓶，白色的酸奶瓶……一派盎然景象）

五、《蚜虫流浪记》

场景一：小明家

小明：我叫小明，是一年级学生，我最大的特点是喜欢吃。

（蚜虫甲、乙肩上扛着大刀、铁锤上场）

甲：我叫蚜虫挖挖，我住在小明的牙齿里。

乙：我叫蚜虫敲敲，我住在小花的牙齿里。

甲、乙：我们生活得很舒服,食物很充足。

甲：小明喜欢吃零食,不喜欢刷牙,我只要用刀在他的牙洞里挖挖,就有吃不完的美食。

乙：我的主人和小明一样,我肚子饿的时候,拿个铁锤在他的牙洞里敲敲,也有吃不完的美食。

一天

(小明书桌上一堆零食,小明一边做功课,一边吃东西,听到两个声音)

甲(很精神地)：嗨！朋友怎么无精打采？

乙(无精打采地)：不谈了,真倒霉,已经饿了三天了。

甲：为什么？

乙：我的主人现在每天刷牙,一天还刷两次,我没有东西吃了,嗨,真倒霉！

甲：没关系,到我家来吧,我的主人只喜欢吃,不喜欢刷牙,我这里吃的东西可多了。

乙：谢谢！现在就去吧,我可饿坏了。

(蛀虫甲、乙在小明的牙洞里又挖又敲,吃得十分开心)

小明(牙痛难忍)：哎哟！哎哟！妈妈,我的牙很痛。

妈妈：让我看看,哟！牙齿上一个大洞,是蛀虫蛀的,你呀！不听话,不停吃零食,牙也不肯刷,看,现在吃苦了吧。

小明：哎哟！哎哟……

妈妈：我带你去医院,请医生给你治治吧。

场景二：医院

(妈妈和小明到医院,小明痛苦地捂着腮帮子)

妈妈：医生,这孩子牙上一个大洞,现在痛得厉害,请您帮他治治。

医生：让我瞧瞧,哟！一个大洞。小朋友,你每天刷牙吗？

(小明摇摇头)

医生：小朋友,你喜欢吃零食吗？

(小明点点头)

医生：所以，蚜虫找到这里做家了，他们在里面又挖又敲，牙齿就痛了。现在我帮你把他们赶走，要不，这个洞越来越大，痛得还厉害。

（医生治疗）

医生：我帮你把蚜虫赶到下水道去了，现在不痛了吧。

（小明点点头）

医生：但是，以后要改掉爱吃零食和不刷牙的坏习惯，要不，蚜虫还会回来的，知道吗？

小明（点点头）：知道了，谢谢医生！

小明妈妈：谢谢医生！再见！（离开）

场景三：下水道

甲乙：嗨，到哪儿安家呢？小朋友，我们到你们家里去，你们欢迎吗？

群众：不欢迎。

甲乙：为什么不欢迎呀？

（同学们联系自己的实际，说不欢迎的理由……）

六、《0 和他的朋友们》

场景：森林空地上。

（一群动物在游戏，一群数字跳跳蹦蹦上场）

小猴：咦！你们好！（问小鹿）他们是谁呀？

小鹿：不认识呀，我也是第一次看到他们。他们长得很特别。

小兔：你们介绍介绍自己吧。

第一个：（走出来一个瘦子）我叫1，像支铅笔细又长。

第二个：我是2，像只鸭子水上漂。

第三个：我是3，像只耳朵听声音。

第四个：我是4，像面小旗迎风飘。

第五个：我是5，像只衣架挂衣帽。

第六个：我是6，一颗豆芽咧嘴笑。

第七个：我是7，像把镰刀割青草。

第八个：我是8，像根麻花拧一道。

第九个：我是9，像把勺子能盛饭。

第十个：我是0，像个鸡蛋做蛋糕。

小鹿：你们中间谁最大，谁最小呀？

9（站出来骄傲地）：我最大！

0（耷拉脑袋）：我最小。

9：对，你就是表示什么也没有的意思。

（9说完，动物们和他的小弟们都笑了，0更加不好意思了）

动物们（纷纷议论）：0这么没有用啊。

（动物们做游戏，数字们也在做游戏。0想参加动物组游戏，动物们不欢迎。它想参加数字组游戏，数字们也不欢迎。0只好站在旁边沮丧地看着大家玩）

大象（突然掉进了一个大洞，怎么也爬不上来，只好在洞里大叫）：救命呀！救命呀！

（动物们纷纷来帮忙，有的拿绳子，有的拿竹竿。数字兄弟也赶来帮忙）

9：大家都来，一个拉着一个，使劲把大象往上拉。

（数字们都来，一个拉着一个。0也加入队伍）

2：你是0，没有用的，别在这儿妨碍我们。

3：你走开吧。

（0无奈地站在旁边）

（大家讨论，怎样才能组成最大的数字。123456789？987654321？大家一致认为987654321组合力气最大。大家使劲拉，但是大象仍然纹丝不动。大家都很着急）

小猴等（着急地）：怎么办呢？

数字们：我们已经使出最大的力气了。

0（轻轻地）：让我也加入试试吧？

8：好吧，你来吧。

（0排在队伍最后和大家一起拉。哈哈，一下子把大象拉了上来）

大象：谢谢大家，原来0的力气这么大呀！

动物们(都感到奇怪)：啊！原来0的力气是很大的呀！

0(谦虚地)：不是我的力气大。我一个人是没有力气的,我如果和同伴们在一起,同伴们的力气会增加十倍。

全体：0真是一个好伙伴。我们欢迎你！

0：谢谢大家,和大家在一起,我也觉得自己是很有用的。

(0和大家一起玩耍,森林里充满笑声)